KB212784

철오선사 염불송

철오선사 염불송

念佛伽陀 教義百偈

허만항 편역

운주사

인광 대사 서문[1]

철오 선사는 교의敎義를 깊이 통달하고 종승宗乘을 철저히 깨달으셨는데, 만년에는 마음을 정토로 귀의하셨다. 스스로 행하고 타인을 교화하심에 오로지 '믿음과 발원으로 염불하여 서방정토를 구함(信願念佛求生西方)'을 으뜸으로 삼으셨다. 그것을 나타내 보이심이 참으로 근대에 보기 드문 예이다. 지금 그 교의백게敎義百偈를 기록하니, 이로써 정업(淨業, 극락정토에 왕생하는 업)을 닦는 자들을 바르고 좋은 길로 인도하고자 한다.

석인광 쓰다

1 『인광대사문초印光大師文鈔』(增廣正編卷第一)에 실린 글이다.

강해 머리말[2]

정명산인淨明山人 송지명宋智明 거사

오늘 우리들은 청나라 시대 몽동夢東 선사의 말씀을 학습할 것입니다. 몽동 선사는 또한 철오徹悟 선사라고도 하는데, 그분은 청나라 때의 대선사 중 한 분이십니다. 선사의 도량은 원래 북경의 홍라산紅螺山 자복사資福寺였습니다.

깨달음을 얻은 후 선사께서 처음에는 대중을 거느리고 참선을 하셨습니다. 그러나 대중의 근기로는 철저히 깨닫기가 어렵고, 더욱이 선종으로는 참으로 해탈에 이르기가 어렵다는 사실을 알게 되었습니다. 그래서 선사께서는 정토종을 제창하셨습니다. 그러나 선사께서 제창하신 정토종과 일반 정토종은 서로 다릅니다. 선사께서 제창하신 정토종에는 선禪의 지혜가 깊이 깃들어 있습니다. 사람들은 정토염불을 통해서 마음의 꽃을 피워 마음을 맑게 하고, 본래 갖추고 있는 공덕을 개발하며, 자성自性의 정토에 상응하게 됩니다. 말하자면 선사께서 제창하신 정토법문의 특징은 자타불이自他不二이자 이사원융理事圓融의 정토입니다.

오늘 우리들이 배우려는 『염불가타念佛伽陀』[3]에서 "가타伽陀"란 바로 게어偈語[4]를 뜻합니다. 즉 이 책에서는 게어의 형식을 통해서 염불공덕

2 이 머리말은 「몽동선사 교승백게 강해夢東禪師教乘百偈講解」에 실린 것이다.

3 본서의 원제이다.

4 가타Gātha란 여러 뜻을 함축하고 있는 것을 간략하게 표현하기 위하여 하나의

을 구체적으로 드러내고 있습니다. 이러한 "가타"의 내용은 모든 정토종에서 말하는 염불의 수승한 공덕과 그것이 성취한 내용을 아우르고 있습니다.

이번 법회에서 해석하고자 하는 것은 교승백게教乘百偈입니다. 『염불가타』는 교승(教乘, 교종)과 종하宗下의 종승(宗乘, 선종)으로 나뉘어져 있습니다.[5] 종하宗下의 내용은 참구參究하는 것이므로 해석할 수 없으나, 교승에 대해서는 그 문장을 해석할 수 있습니다. 해석을 통하여 그 속에 담긴 참된 뜻을 통달한 연후에야 비로소 우리들은 각자의 근기를 발휘하여 깨달음을 체득할 수 있습니다.

시구詩句로 구성한 것으로 이를 불교에서는 가타(Gātha: 노래), 즉 게어偈語라 한다. 글자 수는 대체적으로 사자四字, 오자五字, 칠자七字로 구성되어 있다. 일반적으로 문장은 하나의 뜻, 하나의 느낌을 전달하는 데 반해 불교에서의 가타 또는 게어는 여러 가지 뜻을 가지고 있어 글을 읽는 사람에 따라 그 뜻이 다르게 전달될 수 있다. 가타의 문구는 한 사람이 처한 상황과 그 사람의 수행 정도에 따라 다르게 체험된다. 선불교의 경우 스승이 제자의 수행 정도 및 상황을 간파하여 그것에 부합되는 언어를 사용하는데, 이것이 제자의 마음에 심어져 제자가 깨달음에 이르는데 중요한 역할을 한다. 이것이 바로 화두 또는 공안의 역할이다. 화두 역시 만트라와 같이 수행의 도구로 이성적으로 판단할 수 있는 내용이 아니고 수행자의 수행을 통해 체험적으로 받아들여진다.

5 철오 선사의 『염불가타』는 교리와 관련되는 교의백게송과 수증(수행과 깨달음)과 관련되는 종승백게송의 두 가지 형식이 있다. 교의백게의 경우 교리를 함축적으로 가타에 실어서 전달하고 있기에 그것을 제한적으로 해석하고 풀이할 수 있으나, 종승백게의 경우 오직 염불수행을 통해 체험적으로 받아들여질 수 있을 뿐이다. 따라서 종승백게는 해석하지 않으며, 본문에서도 제외하고 오직 교의백게송만 싣고 해설하였다.

머리말[6]

장병전張秉全 거사

나는 스무 살에 비로소 『인광법사문초印光法師文鈔』를 읽고서 믿음을 일으켜(起信) 부처님을 공부하고(學佛) 정토일문淨土一門을 철저히 믿어 의심치 않았으며, 나이가 들면서는 더욱 돈독해졌다. "한마디 아미타불, 그 뜻이 어떠한가(一句彌陀意若何)"를 첫 구로 삼아 게송 12수(서문으로 한 수를 노래함)를 지어서 일찍이 『대주불교臺州佛教』에 발표하였다. 그러나 분량의 한정으로 말미암아 한마디 아미타불에 간직된 깊고 넓은 의미를 충분히 담아낼 수 없었다. 그 뜻을 마음껏 발휘하여 안내하지 못함을 유감으로 생각하였다.

나중에 『정토십요淨土十要』를 깊이 연구하고 나서 『철오선사어록』을 대하니 그 중에 교승(教乘; 경전과 교학의 가르침, 교종)과 종승(宗乘; 선종)의 입장에서 쓴 '염불가타'의 게송이 각각 백 수씩 있었다. 철오선사는 선에서 정토로 전향하셨기에 종宗과 교教에 모두 투철하셨다. 게송의 문장이 주도면밀하고 진실한 도리(諦理)가 원융하여 쟁반 위의 구슬같이 알알이 모두 원만하였다. 지금 경솔함을 무릅쓰고 대사의 '교의백게教義百偈'를 나름대로 추측하여 해석해 보았다. 종승백게宗乘百偈에 대해서는 그 뜻이 언외言外에 있기에 망령되이 견강부회할 수 없으므로 그 해석을 생략한다.

---

6 이 머리말은 「철오선사 염불가타 교의백게 모상기徹悟禪師念佛伽陀教義百偈摸象記」에 실린 것이다.

철오 선사의 간략한 행장(徹悟禪師行略)

철오徹悟 선사(1741~1810)

철오 선사의 휘諱는 제성際醒이고, 자字는 철오徹悟이며, 또 다른 자는 눌당訥堂이고, 별호別號는 몽동夢東으로 북경 동쪽 풍윤현豊潤縣 사람이다. 속세의 성姓은 마馬씨였는데, 아버지의 휘는 만장萬璋이었고, 어머니는 고高 씨였다.

선사는 어려서는 남달리 영특하였고, 자라서는 책 읽기를 좋아하여 경전과 사서를 비롯한 여러 서적을 두루 읽었다. 22살 때 큰 병에 걸려 몸은 허깨비같이 덧없음을 깨닫고 마침내 출가할 뜻을 내었다. 병이 낫자 방산현房山縣에 가서 삼성암三聖庵의 영지榮池 노스님 아래 귀의하여 삭발하고 출가하였다. 이듬해 수운사岫雲寺에 가서 항실恒實 율사로부터 구족계를 받았다.

그 다음해 향계사香界寺에서 융일隆一 법사가 『원각경圓覺經』 강의를 연다는 말을 듣고 선사도 함께 참석하였다. 아침저녁으로 질문하고 오묘한 뜻을 정밀히 구하여 마침내 『원각경』 전체의 큰 뜻을 깨달았다. 다시 증수사增壽寺의 혜안慧岸 법사에게 법상종法相宗 강의를 듣고 미묘한 법의 요체를 얻었다. 그 뒤 심화사心華寺에 가서 편공徧空 법사 지도하에 『법화경』, 『능엄경』, 『금강경』 등의 경전을 듣고 원만한 이해가 문득 열렸다. 법성法性·법상法相의 2종二宗에서 공관空觀·가관假觀·중관中觀의 삼관三觀과 십승十乘관법[7]의 뜻에 이르기까지 막힘없이 깨쳤다.

건륭乾隆 33년(1768년) 겨울, 광통사廣通寺의 수여순粹如純 옹翁을 만나 뵙고 향상向上의 일을 밝혔다. 스승과 도道가 일치하여 마침내 마음을 인가印可받고서 선사는 임제臨濟 스님의 36대손이자 경산磬山 스님의 7대손이 되었다.

건륭 38년(1773년), 수여순 옹께서 만수사萬壽寺로 옮겨 가시자, 선사는 그 뒤를 이어 광통사에 주석하였다. 선사는 대중을 거느리고 참선하며 후학들을 책려하기를 14년을 하루같이 조금도 피곤해 하지 않고 열심히 하여 그 명성이 남북으로 널리 퍼지고 종풍을 크게 떨쳤다.

선사는 틈나는 대로 제자들에게, '영명永明 연수延壽 선사께서는 선종의 거장이면서도 오히려 마음을 정토에 귀의하여 매일같이 아미타불 명호를 10만 번씩 염불하며 극락왕생을 기약하셨고, 더구나 지금 같은 말법시대에 더더욱 마땅히 그 뜻을 받들어 이어받아야 한다'는 점을 상기시켰다. 마침내 마음을 정토에 깃들이고 연종蓮宗을 주창하였다. 낮에 잠시 동안 손님을 만나고 손님이 다녀간 후론 오로지 예불하고 염불을 계속할 따름이었다. 건륭 57년(1792년), 각생사覺生寺로 옮겨 8년간 주지를 맡으면서, 온통 폐허가 되어버린 절을 다시 일으켜 세웠다. 정업당淨業堂 외에 따로 열반당涅槃堂·안양당安養堂·학사당學士堂 세 개의 당堂을 세웠다. 이에 노인들이나 병자들이 의탁할 곳이 생겼고, 초학자들이 경을 독송하고 배우기에 편리해졌다.

선사는 참선과 정토의 종지에 대해 모두 천착하여 심오한 경지에 도달하였고, 자기를 규율함에 매우 엄격하였으며, 사람을 바라봄에

---

7 십승관법十乘觀法: 천태종에서 말하는 10종의 관법. 대상을 관할 때 궤범이 되는 10종의 관법에 의해 수행자가 깨달음의 과果에 이를 수 있는 방법.

몹시 간절하였고, 대중을 개도開導하고 설법함에 마치 물병을 쏟아 붓듯, 구름이 일어나듯 하였다.

대중과 더불어 수행에 전념하여 연종의 기풍이 크게 일어나자, 멀리까지 그 교화를 우러러 따르고, 승가나 속가 모두 마음으로 귀의하였으니, 선사는 당대에 법문을 가장 잘하는 분이었다.

가경嘉慶 5년(1800), 선사는 홍라산紅螺山 자복사資福寺에 은거하여 조용히 한평생을 마치려 했다. 그러나 납자(선승)들이 선사를 간절히 생각하고 뒤따라 나섰기 때문에 자취를 감추기 매우 어려웠다. 선사는 불법을 위하고 사람을 위해서 조금도 싫어하는 마음이 없어 마침내 다시 대중들이 머물도록 허락하자, 잠깐 사이에 많은 승려들이 모여 총림을 이루었다. 선사는 땔감을 장만하고 물을 길어 나르며, 진흙을 이겨 집의 벽을 땜질하여 수리하고, 물 한 모금 마시거나 밥 한 끼 공양을 들기까지 모두 대중과 함께 공유하였다. 이와 같이 하기를 또 다시 10년이 흘렀다.

가경 15년(1810) 2월, 만수사萬壽寺에 몸소 찾아가 은사이신 수 조사粹祖師의 부도탑을 참배하고, 산사를 외호外護하는 여러 대중들에게 감사인사를 드리며 다음과 같이 부촉하였다.

"허깨비 같은 인연 오래가지 않고 인간 세상 덧없으니, 짧은 인생 헛되이 보낸다면 어찌 애석하지 않겠습니까? 각자 마땅히 노력해서 염불하여 뒷날 극락정토에서 반갑게 서로 만납시다."

3월에 산사로 되돌아와 다비荼毗에 필요한 물품을 미리 갖추도록 분부하였고, 10월 17일에 대중들을 불러 모아 사원의 일들을 당부하였다. 제자인 송천松泉 스님한테 주지를 맡아 대중들을 잘 거느리라고 분부하시면서 이렇게 훈계하였다.

"염불법문은 상중하 세 근기의 중생에게 두루 가피를 주고, 어떠한 근기도 섭수하지 않음이 없다. 내가 십수 년 동안 줄곧 대중과 함께 고심하여 이 도량을 세운 까닭은, 본래 사방에서 오는 대중들을 맞이하여 정업淨業을 함께 닦기 위함이었다. 무릇 그동안 내가 세운 규약과 모범은 영구히 준수해야 마땅하니, 함부로 바꾸고 새로 만들지 말라. 이 노승이 대중과 함께 기울여 온 일편고심一片苦心을 부디 저버리지 않길 바란다."

입적하기 반달쯤 전, 몸에 가벼운 병세를 느끼자 선사는 대중에게 아미타불 부처님 명호를 불러 조념助念할 것을 분부하고 허공 속에서 무수히 많은 깃발(幢幡)들이 서쪽에서 오는 모습이 보이자, 대중들에게 이렇게 당부하였다.

"우리 극락정토에서 서로 만납시다. 저는 서방으로 돌아가렵니다."

이에 대중들이 선사께 세상에 좀 더 머무시도록 간청을 드리자, 선사는 이렇게 말씀하셨다.

"백년 나그네 인생, 언젠가는 돌아가야 합니다. 제가 이제 성인의 경지에 이르게 되었으니, 여러분들은 마땅히 스승을 위해서 다행으로 여겨야 할 터인데, 무얼 애써 머물라고 하십니까?"

12월 16일에 감원監院[8]을 맡고 계신 관일貫一 스님께 열반재涅槃齋를 올리도록 분부하였다. 17일 신시申時에 대중들에게 마지막 작별을 고하였다.

"저는 어제 이미 문수·관음·대세지 세 분 보살을 친견하였습니다. 오늘 다시 아미타 부처님께서 친히 자비를 드리워서 저를 맞이하러 오셨으니, 저는 이제 가렵니다."

대중들이 아미타불 명호를 더욱 큰 소리로 부르는 가운데, 선사는 서쪽을 향해 앉아 합장하신 뒤 이렇게 말씀하셨다.

"위대한 명호(洪名)를 한 번 부르면, 한 번 부를 때마다 아미타 부처님의 상호相好를 친견하리라."

그리고 마침내 미타인彌陀印으로 수결手結하고, 안상安詳히 입적하셨다. 그때 대중들은 허공중에 특이한 향기가 떠서 사라짐을 느꼈다. 입적하신 뒤 칠 일간 유해를 받들어 공양하는데, 얼굴 모습이 살아계신 듯 자애롭고 온화하고 생기가 넘쳤으며, 머리카락이 흰색에서 검은색으로 바뀌고, 빛과 윤기가 색달랐다. 14일에 감실龕室에 모시고,

8 감원監院: 절을 감독하고 승려들의 모든 일을 맡아 보살피는 직책.

21일에 다비를 봉행하자, 사리 백여 과가 나왔다. 이에 문하 제자들이 선사의 유촉을 받들어 사리靈骨를 보동탑普同塔 안에 안장하였다.

선사는 청나라 건륭乾隆 6년(1741) 10월 14일 미시未時에 태어나, 가경嘉慶 15년(1810) 12월 17일 신시申時에 열반하셨다. 세수로 70세였고, 승납僧臘으로 49세였으며, 법랍法臘으로는 43세이셨다. 저서로는 『시선교율示禪敎律』, 『염불가타念佛伽陀』 등이 세상에 전해지고 있다.

가경 17년(1812) 임신壬申 9월 기망(旣望, 음력 16일)에 선사의 제자인 성총惺聰 스님이 선사의 행적을 가지고 찾아와, 나에게 선사의 행장行狀을 적어 달라고 요청하였다. 나 또한 선사와 서로 알고 지낸 지가 여러 해 되었고, 평소 가르쳐 인도하심을 입었으며, 가르쳐 이끌어주심이 정말로 많았다. 선사는 진실로 뛰어난 분이었다. 육근六根이 예리하게 통달하였고, 이해와 깨달음(解悟)이 비상하게 뛰어났으며, 변재辯才를 이미 갖추었고, 고행까지 겸하여 지니고, 시종일관 흐트러짐 없이 여일如一하였나니, 이는 내가 눈으로 직접 본 것이다.

따라서 이 행장에 적은 내용은 한 글자도 거짓이나 꾸밈을 용납하지 않았다. 부끄럽게도 나는 글재주가 없으므로 특별히 질박한 말로써 믿음을 전할 뿐이다.

염화사拈花寺에서 연화세계를 그리워하며

두타(杜多)승 체관體寬 통신通申은 공경히 씀.

일러두기

* 『염불가타 교의백게』를 번역하고 해설하는 데 있어 중국 송지명宋智明 거사의 「몽동선사 교승백게 강해夢東禪師教乘百偈講解」(이하 「강해」라 칭함)를 기본 텍스트로 하고, 대만 장병전張秉全 거사의 「철오선사 교의백게 모상기徹悟禪師教義百偈摸象記(이하 「모상기」라 칭함)」를 보조 텍스트로 사용하였음을 밝힌다. 「강해」는 게송 해설의 첫째 단락에 싣고, 「모상기」는 「강해」에 이어 그 다음에 실었다.
* 『염불가타 교의백게』 원문은 인광 대사의 『인광대사문초(印光大師文鈔: 增廣正編 卷第一)』에 실린 것을 사용하였다.

제1게송

一句彌陀 我佛心要 (일구미타 아불심요)
豎徹五時 橫該八教 (수철오시 횡해팔교)

한마디 아미타불
나의 부처님, 마음요체라.
세로로 오시를 꿰뚫고
가로로 팔교를 갖추었다.

"한마디 아미타불, 나의 부처님 마음요체라." 여기서 나의 부처님은 바로 석가모니 부처님을 말합니다. 석가모니 부처님께서는 이 세상에 오셔서 49년 동안 설법하셨습니다. 그렇다면 부처님의 마음요체는 과연 어디에 있습니까? 바로 한마디 부처님 명호에 있습니다.

이 한마디 부처님 명호를 세로로(시간적으로) 강설하면 그것은 오시五時의 가르침을 꿰뚫으니, 화엄·아함·방등·반야·열반의 다섯 시기에 걸쳐 설해진 가르침을 모두 포함합니다. 그렇다면 무엇 때문에 한마디 '아미타불'이 오시를 꿰뚫을 수 있습니까? 그 안에는 매우 깊은 내용이 들어 있기 때문입니다. 그것은 바로 화엄華嚴이 마지막으로 돌아가는 것(回歸)으로, 보현보살의 십대원十大願에서 마지막에 화장찰해華藏刹海의 대중을 극락으로 돌아가도록 인도하였으니, 화엄의 최고 경계는 참으로 극락으로 돌아가는 것입니다. 또한 이는 화엄의 가르침을 완전히 포함하고 있다고 간단히 말할 수 있습니다.

한마디 '아미타불'이 우리들을 삼계에서 벗어나게 한다면 이것이 바로 아함阿含입니다. 아함은 생사를 여의게 하는 것이고, 삼계를 벗어나게 하는 것입니다. 한마디 '아미타불'은 그것의 내용이 깊은 사람은 깊게 만나고 얕은 사람은 얕게 만납니다. 방등方等의 가르침도 마찬가지입니다. 삼승三乘[9]의 학인·제자가 모두 함께 배우고 함께 닦아서 모두 이익을 얻을 수 있으며, 상근기·중근기·하근기의 세 근기(三根)에 두루 가피를 줍니다.

더 나아가 말한다면 한마디 '아미타불'은 능히 일체의 번뇌 집착을 깨뜨리고 일체의 심신 장애를 깨뜨릴 수 있습니다. 그것은 곧 반야의 지혜를 구체적으로 드러냅니다. 한마디 '아미타불'은 분별하는 생각을 짓지 않고 직접 본래성품(本性)[10]을 따라 현현합니다. 이것이 바로 반야시般若時로 반야의 지혜이자 바로 『금강경金剛經』에서 설한 지혜입니다.

한마디 '아미타불'은 원만성불圓滿成佛입니다. 『법화경法華經』에서

---

9 성문승聲聞乘, 연각승緣覺乘, 보살승菩薩乘. 또는 소승小乘, 중승中乘, 대승大乘. 성문승 즉 소승은 사성제四聖諦의 이치를 깨달아 아라한이 됨을, 연각승 즉 중승은 벽지불승辟支佛乘이라고도 불리며, 12인연의 이치를 깨달아 벽지불이 됨을, 보살승 즉 대승은 장구한 기간의 수행으로 최상의 깨달음을 실현함을 각각 수행의 목표로 삼는다.

10 있는 그대로의 본래성품(自性淸淨心)을 말한다.

는 "만약 어떤 이가 산란한 마음으로 탑묘 가운데 들어가더라도 나무불을 한 번 부르면 모두 이미 (일승의) 불도를 이룰 것이다"라고 설합니다. 어떤 사람이 염불로 상응相應[11]할 수 있다면 그는 지금 현재 성불할 수 있고, 지금 현재 원만할 수 있습니다. 이 한마디 '아미타불'은 그렇게 법화·열반 시기의 위없는 과덕果德을 포함하고 있고, 일승一乘의 불법이 모두 그 안에 들어 있습니다.

"가로로(공간적으로) 팔교를 갖추었다." 이를 간단히 해석하자면, 여덟 가지 가르침은 바로 장교·통교·별교·원교와 돈교·점교·비밀교·부정교입니다. 이는 천태 지자智者 대사께서 부처님 일평생의 설법(一代時教)을 여덟 가지 방면으로 판석判釋하신 것입니다. 한마디 '아미타불'을 장교藏教의 측면에서 해석하면 방금 전에 해석한 것과 마찬가지로 그것은 삼계를 벗어나는 방편입니다. 통교通教의 측면에서 해석하면 한마디 '아미타불'은 염불하여 상응相應함을 얻을 때 당체當體가 곧 공空하니 바로 통교입니다. 일체만법은 꿈같고 환幻 같아서 지금 현재 몸으로 깨우쳐 공성에 이르고, 사물을 떠나지 않아도 몸으로 깨우치므로 한마디 '아미타불'은 바로 공성空性입니다. 그것이 통교입니다. 한마디 '아미타불'은 네 가지 종류의 염불방법(관상觀想·관상觀像·칭명稱名·실상實相 염불)을 통과하여 사방으로 통하는 경계를 거치고 한 걸음 한 걸음 깊은 경지로 들어가니, 차례대로 깊이 들어가는 그것이 바로 별교別教입니다. 별교의 보살은 보리심菩提心의 갖가지 차례를 거치고,

11 상응相應은 상호호응相互呼應, 계합契合의 뜻. 범어에는 사事에 계합하는 것과 리理에 계합하는 두 가지로 나누어 앞의 것을 욕흘다(欲吃多, yukta), 뒤의 것을 유가(瑜伽, yoga)라 한다.(동국대 역경원, 불교용어사전)

보살의 수행계위(行位)를 거쳐 차츰차츰 원만함에 이릅니다.

그렇다면 한마디 '아미타불'은 바로 위없는 과덕果德이고, 자심自心의 원만이며, 공空·가假·중中의 셋이 한 몸(一體)이어서 즉공卽空·즉가卽假·즉중卽中입니다. 그런 까닭에 한마디 부처님 명호는 바로 원교圓教입니다. 근기가 뛰어난 사람은 한마디 부처님 명호로써 지금 즉시 개오견성開悟見性을 할 수 있으니, 바로 돈(頓: 단박에 깨침)입니다. 사람의 근기에 차이가 있어 차츰차츰 공과功果를 짓고, 차츰차츰 산심위散心位로부터 정심위定心位에 이르며, 지혜를 열어서 이일심理一心에 이릅니다. 우리는 그것을 점漸, 점수(漸修: 점차로 닦음)라 합니다. 한마디 부처님 명호는, 만약 근기가 같지 않은 사람들은 그가 체험하는 깨달음(體悟)도 모두 같지 않나니, 선종의 깨달음과 정토의 깨달음, 그리고 밀교수행자의 깨달음은 모두 같지 않다는 그것이 바로 비밀秘密입니다. 한마디 부처님 명호에 대해 보살의 깨달음과 범부의 깨달음은 모두 다르다는 이것을 비밀秘密이라 합니다. (부정不定에서) 정定이라 부르는 것은 한마디 부처님 명호로 결정코 서방에 왕생할 수 있고, 결정코 생사를 끝마칠 수 있으며, 결정코 아미타불과 더불어 상응할 수 있다는 것으로서, 이것이 정교定教입니다. 이렇게 우리가 개괄적으로나마 이야기했지만, 그 속에 담긴 내용은 너무나 심오합니다.

처음 두 문구를 해석한다. 염불의 대상인 한마디 위대한 아미타불 명호(一句洪名)는 바로 본각이체本覺理體[12]이자 진여실상眞如實相[13]이

12 본각이체本覺理體: 마음의 본성은 모든 차별을 초월하여 본래가 청정한 깨달음의 본체인 것을 본각이라 한다. 이체는 만유의 본질, 제법의 理性을 말한다. 본각이체

다. 우익 대사[14]께서 『미타요해』[15]에서 이르시길 "한마디 아미타불이란 말은 곧 석가모니 본사께서 오탁악세에서 얻으신 아뇩다라삼먁삼보리의 법이다. 지금 이 과각(果覺, 구경각) 전체를 오탁악세의 중생들에게 수여하심은 제불께서 행하시는 경계이다. 오직 부처님과 부처님만이 철저하게 다 밝힐 수 있으며, 구법계[16] 중생이 자신의 힘으로 믿고 이해할 수 있는 것이 아니다"[17]라고 하셨다. 무슨 까닭인가? 한마디 아미타불을 염불하는 주체(能念)는 시각始覺이고 염불의 대상(所念)은 본각本覺이므로 시각과 본각이 합하여 곧 구경각究竟覺을 이루기 때문

는 여래장진여의 다른 이름이다.

13 진여실상眞如實相: 있는 그대로의 참 모습. 이 우주법계의 참모습.

14 우익 대사: 우익 지욱(蕅益智旭, 1599~1655)을 말한다. 명말 4대 고승의 한 분. 속성은 종鍾이며 자字는 지욱, 호號는 우익이며, 별호는 서유西有 팔불도인八不道人이다. 그는 당시까지의 다양한 교학을 천태 사상을 중심으로 융합하였으며, 모든 수행법을 정토염불을 중심으로 회통시켜 중국불교학의 최종 완성자라는 평을 받고 있다. 정토종 제9대 조사이다.

15 『미타요해』: 우익 대사가 지은 『불설아미타경요해佛說阿彌陀經要解』를 말한다. 중국 정토종 13대 조사인 인광印光대사는 이 『미타요해』에 대해 "설사 아미타불께서 세상에 내려오시어 『아미타경』을 주해註解하신다고 해도 그 이상을 뛰어넘지 못하실 것이다" 라고 극찬한, 『아미타경』에 대한 주석서 가운데 가장 중요한 저서이다.

16 구법계九法界: 원문은 구계九界. 십계十界 중에서 불계佛界를 뺀 나머지 아홉 가지 세계. 무명無明과 망집妄執에서 벗어나지 못한 세계로 지옥, 아귀, 축생, 아수라, 인간, 천상의 여섯 세계와 성문, 연각, 보살의 세 가지 세계를 합쳐 말한 것.

17 『阿彌陀經要解便蒙鈔(이하 요해편몽초)』(대정장 430, p.881a), "故曰一聲阿彌陀佛 乃釋迦本師 於五濁惡世 所得之阿耨多羅三藐三菩提法 今以此果覺全體 授與濁惡衆生 乃諸佛所行境界 唯佛與佛乃能究盡 非九界自力所能信解也."

이다. 구경각은 곧 모든 법의 실상(諸法實相)을 철저히 증득하는 것이다. 실상의 이치는 오직 부처님과 부처님만이 철저하게 다 밝힐 수 있다. 그러므로 "나의 부처님 마음 요체라"라고 하신 것이다.

다음 두 문구에서는 염불이 일체의 선禪·교敎·율律을 두루 거두어들이는 총지법문總持法門이라고 말한다. 인광 대사[18]께서 이르시길 "이 법문은 시방삼세의 모든 부처님께서 위로는 불도를 이루고 아래로는 중생을 교화하는 데 있어 처음과 끝을 이루는 총지법문으로, 일체의 법문은 이 법계로부터 흘러나오지 않음이 없고 이 법계로 돌아가지 않음이 없다"라고 하셨다. 무엇을 법계法界라 하는가? 법계는 곧 심성心性의 다른 이름이다. 인광 대사께서 또 이르시길 "한마디 부처님 명호는 일대장교(一大藏教: 팔만대장경)를 모조리 다 포괄하지 않음이 없다"라고 하셨다. 무슨 까닭인가? 여래께서 설하신 오시팔교[19]와 백천 가지

18 인광 대사(印光, 1861~1940): 중국 근대불교에서 가장 영향력이 고승 중 한 분으로 정토종을 부흥시킨 스님. 속성은 조趙씨이고 이름은 단계丹桂, 법명은 성량聖量, 자字는 인광이다. 스스로는 늘 상참괴승(常慚愧僧, 항상 참회하는 부끄러운 중)으로 불렀다. 재가자들에게 보낸 서신을 모아 제자들이 간행한 『인광 대사문초印光大師文鈔』는 중국 정토종이 새로이 부흥하는 데 큰 영향을 끼쳤다. 정토종 제13대 조사.

19 오시팔교五時八教: 천태종에서 세운 교상판석教相判釋. 부처님이 일생 동안 설하신 모든 가르침(경전)은 중생의 근기에 맞추어 설하신 것으로 보고, 설법의 형식과 내용 등에 따라 분류하고 정리한 것. 오시란 부처님께서 일생 동안 설하신 가르침을 설법 순서에 따라 다섯 가지 단계로 나눈 것으로 화엄시·아함시·방등시·반야시·법화열반시를 말한다. 팔교란 중생의 근기에 따라 설법의 방식을 달리한 부처님의 가르침으로, 여기에는 교화 방법에 따라 나눈 돈교頓教·점교漸教·비밀교秘密教·부정교不定教의 화의사교化儀四教와 설법의 내용에 따라 나눈 장교(藏教: 三藏의 가르침, 성문과 연각을 교화)·통교(通教: 이승과 보살승에 통하는 가르침. 卽空無生의

법문을 요약하면 계戒·정定·혜慧 세 글자에 지나지 않는다. 그런데 한마디 아미타불은 곧 (계·정·혜 삼학을) 빠짐없이 다 거두어들일 수 있기 때문이다.

왜 그러한가? 한마디 아미타불은 망념이 없으니, 이것이 곧 계戒이다. 마음을 거두어들이는 것이 계이기 때문이다. 한마디 아미타불은 마음에 산란함이 없으니, 이것이 곧 정定이다. 한마디 아미타불은 분명하게 관하고 비추어(觀照) 삿된 생각이 일어나지 않으니, 이것이 곧 혜慧이다. 그러므로 한마디 아미타불은 일대장교가 지닌 지극히 핵심적인 도리를 다 거두어들이지 않음이 없다.

우익 대사께서 이르시길 "애석하도다! 오늘날 사람들은 염불을 하찮은 일로 간주하여, 한마디 아미타불이 세로(시간적)로는 오시를 관통하고 가로(공간적)로는 팔교를 갖추고 있음을 전혀 알지 못하는구나"[20]라고 하셨다. 또한 우익 대사께서 『미타요해』에서 이르시길 "최상의 근기도 그 문턱을 넘을 수 없고, 최하의 근기 또한 그 영역에 이를 수 있다. …… 가히 가로로 팔교를 갖추고 있으며, 세로로 오시를 관통한다고 말할 수 있다"[21]라고 하셨다.

眞諦를 설함)·별교(別教: 이승과 다른 대승의 보살승만을 위한 가르침)·원교(圓教: 최상근기를 위한 理事圓融한 中道實相의 가르침)의 화법사교化法四教가 있다.

20 『靈峰宗論』 권4 「示念佛法門」(嘉興藏 B348, p0321c), "可惜今人, 將念佛看做淺近勾當 …… 殊不知一句彌陀, 豎徹五時, 橫該八教."

21 『요해편몽초』(대정장 430, p.868a), "上上根不能踰其閫 下下根亦可臻其域 …… 可謂橫該八教 豎徹五時."

제2게송

一句彌陀 意旨如何 (일구미타 의지여하)

知音常少 木耳偏多 (지음상소 목이편다)

한마디 아미타불
참뜻이 어떠한가?
소리 아는 자 매우 드물고
나무 귀는 유달리 많다.

한마디 부처님 명호인 아미타불, 즉 무량광無量光·무량수無量壽의 참뜻이 어떠합니까? 우리는 그 뜻을 명백히 알아야 합니다. "소리 아는 자 매우 드물고"란 그 깊은 뜻을 아는 사람이 매우 적다는 말입니다. 단지 문자상으로만, 일반적인 이치상으로만 그것을 이해할 뿐입니다. 범부의 마음으로 그것을 바라볼 뿐, 참으로 명백히 아는 자는 매우 적으므로 "나무 귀는 유달리 많다"라고 하신 것입니다. "나무 귀"는 바로 소리를 알아듣지 못하고, 그 참뜻을 알지 못하는 사람들을 말합니다. 이러한 사람들은 너무나 많습니다.

이 네 문구는 한마디 아미타불의 의미를 깨닫는 자가 드물다고 말한다. 염불법문은 믿기 어려운 법이기에 보통 사람들이 잘 믿으려 하지 않을 뿐만 아니라 경전의 가르침에 통달한 강경 법사조차도 역시 의심 없이 잘 믿을 수 없다. 그래서 그들은 언제나 일반적으로 통용되는 교리의 안목으로 염불법문을 살펴보고 평가한다. 그들은 오직 견사혹見思惑[22]을 끊어야만 비로소 삼계를 벗어나 생사를 요달了達할 수 있다고 생각하여, 염불행자가 부처님께서 섭수(攝受: 거두어들임)하여 주시는 힘에 의지하여 임종 때 염불하여 업을 지닌 채(帶業) 왕생하는 일을 믿지 않는다.

우익 대사께서 이르시길 "심성의 극치와 지명(칭명)염불의 뛰어난 공훈과 아미타불의 대원이 아니라면 어떻게 이러한 것(일생보처[23]를 가리킴)이 있겠는가! …… 그런데도 천하에 믿는 자는 적고 의심하는 자는 많다. 말은 번잡하나 뜻이 손상되고 있으니, 나는 오직 심장을 도려내어 피를 흘릴 뿐이다"[24]라고 하셨다.

---

22 견사혹見思惑: 견혹見惑과 사혹思惑을 함께 말하는 것으로, 천태종에서는 3가지 미혹(見思惑, 塵沙惑, 無明惑) 가운데 하나로 보고 있다. 견혹은 지적知的인 미혹(번뇌)에 해당되고, 사혹은 정의적情意的인 미혹에 해당된다. 또한 견혹은 견도위見道位에서 끊어지는 미혹이며, 사혹은 수도위修道位에서 끊어지는 미혹으로 수혹修惑이라고도 한다. 유식종에서는 견혹을 분별기혹分別起惑, 수혹을 구생기혹俱生起惑으로 보고 있다. 견사혹은 삼계 내에서 일어나 능히 삼계의 생사고生死苦를 초래하여 이를 받게 하므로 계내혹界內惑이라고도 한다.

23 일생보처一生補處: 이번 생만 지나 다음 생에는 부처가 될 수 있는 보살의 최고 지위. 다시 말해 한 생에 부처의 후보 자리에 오르는 지위. 곧 미륵보살이나 관세음보살 같은 등각보살等覺菩薩이 일생보처 지위에 있다. 극락세계에 왕생한 사람들은 모두 한 생에 부처를 이루며, 사람마다 반드시 일생보처를 이룬다.

나무 귀(木耳)란 오직 삼경일론(三經一論: 『아미타경』, 『무량수경』, 『관무량수경』과 『왕생론』)으로 정토염불 일문一門을 설하는 것을 제외하고서, 나머지 경론을 많이 지니고 다니며 정토를 설하는 자는 누구나 다 그렇다는 말이다. 비록 이를 명확하게 말하는 자가 있다 해도 이를 믿는 자가 적으니, 어찌 귀가 무딘 무리가 아니겠는가! 염불법문이라는 믿기 어려운 법을 석가모니 세존께서 금구金口로써 진실하게 말씀하셨으니, 어찌 나를 속이시겠는가!

---

24 『요해편몽초』(대정장 430, p.868b; 864a), "非心性之極致 持名之奇勳 彌陀之大願 何以有此〔指一生補處〕…… 而天下信少疑多 辭繁義蝕 余唯有剖心瀝血而已."

제3게송

一句彌陀 大意分明 (일구미타 대의분명)
蛇生弓影 藥出金甁 (사생궁영 약출금병)

한마디 아미타불
대의가 분명하네.
뱀은 활 그림자에서 생기고
약은 금병에서 나온다.

"한마디 아미타불, 대의가 분명하네." 선사께서는 왜 "대의大意가 분명하네"라고 말씀하셨을까요? 그 뜻을 말씀드리자면, 이것은 부처님께서 대자비의 원력으로 중생을 제도하기 위해 세우신 방편이기 때문입니다.

아미타불께서는 법장비구 시절, 48원을 세우셨습니다. 아미타불께서 중생들을 살펴보시고 중생들이 자기 역량으로 수행하기 매우 어렵다는 것을 아셨기 때문에 이러한 수승한 방편이 있음을 말씀하시고, 극락정토를 세워서 중생들이 가로로(공간적으로) 삼계를 벗어나도록(橫出三界) 하셨습니다.

"뱀은 활 그림자에서 생기고." 이 문구에 대하여 옛사람의 고사를 예로 들어봅시다.[25] 어떤 사람이 친구네 집에서 술을 마시다 술잔에 뱀 한 마리가 들어 있음을 보았습니다. 그는 친구네 집에 다녀 온 후로 바로 병이 들었습니다. 이 친구는 그를 다시 오라고 불러서 그가 본 것을 찬찬히 보여주었습니다. "자네가 본, 이 잔 안에 든 뱀은 바로 벽 위의 활 그림자일세." 그는 이 말을 듣고 병이 이내 사라졌고, 씻은 듯이 나았습니다. 한마디 '아미타불'은 이러한 효과를 발휘합니다. 모든 중생은 망상과 탐착을 가지고 있습니다. 그래서 한마디 아미타불은 여러분에게 망상 하나를 던져주고 또한 탐착 하나를 던져주어서 탐착으로 탐착을 물리치게 합니다. '아미타불'이란 망상으로써 수천수만 가지의 망상을 제거하니, 이는 마치 "뱀은 활 그림자에서 생긴" 것과 같습니다.

"약은 금병에서 나오고." 여기서 약은 바로 금병 안에서 나오는데, 어찌 넘어지고 어찌 일어나겠습니까? 중생들이 망상을 깨뜨리는 것을 좋아하면 바로 여러분에게 아미타불 명호 하나를 주어 이 망상을 깨뜨리게 도와줍니다. 말하자면 기氣로써 기氣를 제거하는 셈이니, 여러분의 집착을 붙들어 하나의 부처님 명호와 하나의 정토극락세계의 연꽃 위로 거두어들이고, 한 걸음 더 나아가 공空으로 변화시키는 것입니다.

처음 두 문구에서는 염불법문의 경우 참 믿음을 세우는 것이 가장 중요하다고 말한다. 『화엄경』에서 "믿음은 도의 근원이며 공덕의 어머

---

25 '잔 속의 뱀 그림자(杯中蛇影)' 라는 고사성어로 잘 알려져 있다. 쓸데없는 걱정으로 스스로 병을 만드는 것을 말한다.

니이니, 일체의 모든 선근을 기른다(信爲道源功德母 長養一切諸善根)" 라고 설한다. 무엇을 참 믿음이라 말하는가? 인광 대사께서 이르시길 "아미타불은 곧 내 마음속의 부처님이고, 나는 곧 아미타불 마음속의 중생임을 깨달아 알면 마음은 이미 하나이다. 그러나 범부와 성인과 천인이 다른 것은 내가 언제나 미혹하여 이를 등지는 까닭이다. 신심信心이 이와 같으면 참 믿음이라 할 수 있다. 이러한 참 믿음으로부터 반드시 왕생하겠다는 서원을 발하고, 반드시 염불의 행을 닦아야 비로소 정종淨宗의 법계에 깊이 들어갈 수 있으며, 일생 동안 힘써 닦아야(一生取辦)[26] 곧바로 여래의 자리(如來地)에 들어간다"라고 하셨다. 그러므로 "한마디 아미타불 대의가 분명하다"라고 하신 것이다.

세 번째 문구, "뱀은 활 그림자에서 생기고"란 염불법문이 가장 꺼리는 의심을 비유한 것으로서 만약 실오라기 같은 의심이 있어도 바로 정토종

---

26 『정토십요문답힐록淨土十要問答擷錄』(蕅益大師選錄)의 「일생취판지인一生取辦之因」에서 우익 대사는 이렇게 문답을 설정하여 말한다. "〔물음〕: 나는 선재동자가 원돈의 예리한 근기로 들었는데, 일생 동안 힘써 닦았어도(一生取辦) 지금 화장세계에 나지 않고 오히려 극락왕생을 권하였는데, 이것은 무슨 뜻인가? 〔대답〕: 『화엄소』 가운데 (징관 대사가) 스스로 이 물음을 한 것이 있다. 거기에 대답하여 말하기를 '연緣이 있는 까닭이며, 중생으로 하여금 한곳으로 의지해 돌아가게 하는 까닭이며, 화장세계와 떨어지지 않은 까닭이며, 본사本師와 즉한 까닭이다' 라고 했다. 이른바 화장세계 중에 부처님 나라가 있는데 모두가 미진수이며, 극락은 여기서 십만억 밖의 국토이지만 화장세계 국토의 종류에서 벗어나지 않는다. 그래서 떨어지지 않는다고 한 것이다(吾聞善財童子圓頓利根 一生取辦 今乃不生華藏 而勸生極樂 此何意耶. 華嚴疏中 自有此問 彼所答云 有緣故 歸憑情一故 不離華藏故 卽本師故. 謂華藏中所有佛刹 皆微塵數 極樂去此十萬億土 並未出於刹種之中 故不離也.)."

의 수승한 이익을 전부 잃어버리게 된다는 것이다. 이 고사의 출전은 『풍속통의風俗通義』(후한 때 응소應劭가 지은 풍속기)이다. 응침應郴이 두선杜宣을 술자리에 초청했는데, 두선이 술잔 속에 뱀이 있음을 보고는 응침이 자기를 해치려는 의사가 있다고 의심하였는데, 술을 마신 뒤에 병이 났다. 응침이 이런 사정을 알고는 다시 예전 장소(원래 자리)에서 술자리를 베풀고 두선을 초청하여 담장 위에 걸린 활이 뱀처럼 보인 것을 가리키며 "뱀은 바로 활 그림자에서 생기네"라고 하신 것이다. 철오 선사는 이를 인용하여 비유로 삼으셨으니, 그 노파심이 얼마나 간절하셨는지 알 수 있다.

마지막 문구, "약은 금병에서 나온다"란 한마디 아미타불은 아가타약으로 만병을 다스리는 총지摠持로서 무릇 복용하는 자는 병이 깨끗이 낫는다는 뜻이다. 인광 대사께서 이르시길 "약藥에는 귀하고 천함이 없으니 병을 고친다면 그것이 양약이다. 법法에는 얕고 깊음이 없으니 근기(機)에 부합한다면 그것이 묘법이다. 지금은 말법시대이므로 사람들의 근기가 비루하고 저열하여 여래의 광대한 서원력에 의지하지 않으면 그 누가 번뇌와 미혹을 끊고 생사를 벗어나 본성을 보고 무생법인無生法忍[27]을 증득하겠는가! 비유컨대 병이 고황(膏肓: 약효가 도달하지 못하는 부위)에까지 미치어 비록 병세가 나아보여도 손을 쓸 수조차 없는 것과 같다. 만병을 치료하는 총지인 이 약(아미타불)을 즐겨 복용한

---

27 무생법인無生法忍: 삼법인三法忍의 하나로 모든 법이 생기지 않는 불생불멸의 진리를 깨닫고 마음의 동요치 않는 지위. 『무량수경』에서는 극락세계의 중생들이 극락에 있는 보리수나무를 보면 음향인音響忍·유순인柔順忍·무생법인의 삼법인을 얻는다고 한다.

다면 곧 번뇌와 미혹을 끊고 생사를 벗어나 본성을 보고 무생법인을 증득하여 개개인마다 모두 직접 증득하여 깨닫는 데 조금도 어려움이 없을 것이다"라고 하셨다.

지금 현재 이 아가타약을 여래께서 우리 중생들을 위해 금병에서 꺼내놓으셨으니, 기꺼이 이를 복용할 것인가 말 것인가의 여부는 전적으로 우리 자신에게 달려 있다.

제4게송

一句彌陀 名異方便 (일구미타 명이방편)

普攝群機 旁通一線 (보섭군기 방통일선)

한마디 아미타불
특별한 방편이라 하네.
온갖 근기 널리 거두고
한 가닥으로 두루 통한다.

한마디 '아미타불'은 '특별한 방편(異方便)'이라 합니다. '특별한 방편'을 짓게 하는 그것…… 그것은 직접적으로 하나의 방편이니, 왜 그럴까요? 여러분이 믿음(信)·발원(願)·수행(行)을 통과하는 가운데 하나의 해법이 있습니다. 그것은 여러분으로 하여금 많은 지견知見을 가질 필요도 없이 망념을 떨쳐버리게 하며, 여러분이 진실한 믿음을 갖고 대원大願을 발한 후에 서방에 나길 일심으로 구하게 합니다. 그런 까닭에 특별한 방편이라 말하는 것입니다. 대단한 지식도, 많은 가행加行[28]도 필요치 않습니다.

한마디 부처님 명호는 바쁜 사람이나 한가한 사람, 노인이나 소년,

재가자나 출가자, 그 누구라도 닦을 수 있고 염불할 수 있으므로 수승한 방편이라 합니다. 이것이 "온갖 근기 널리 거두니"라는 문구의 뜻입니다. 누구나 다 받아들일 수 있고, 누구나 다 들어갈 수 있습니다. 술집 여자라도 좋고, 공무원이라도 좋으며, 과학자라도 좋고, 그 누구라도 다 염불할 수 있습니다. 그것은 절대적이고 원융하고 평등한 것입니다.

또한 단지 "한 가닥으로 두루 통할" 수 있다고 말씀하시는데, 무엇이 "한 가닥으로 두루 통한다"는 말입니까? 큰 근기를 지닌 사람은 일심으로 일억 번 염불한 후 망념이 떨어지고 분별심이 사라지면서 본래성품을 보아 삼매를 증득하게 되는데, 그래서 "한 가닥으로 두루 통한다"라고 하신 것입니다. 부처님 명호를 통하여 자기의 본래성품을 증오證悟한 후에 바로 극락세계가 우리들 자기의 마음自心이 현현한 것임을 이해하여 자기의 마음과 더불어 둘이 아니며, 자기의 공덕과 아미타불의 과상果上의 공덕이 전부 상응하는 것이 "한 가닥으로 두루 통한다"라는 말의 뜻입니다.

처음 두 문구에서는 한마디 아미타불이 방편 중 최승의 방편이라고 말한다. 철오 선사께서 이르시길 "일체의 법문은 마음 밝힘(明心)을 요체로 하고, 일체의 수행문은 마음 맑힘(淨心)을 요체로 한다. 마음을 밝히는 요체로는 염불만한 것이 없다. 부처님을 그리워하고(憶佛) 부처님을 생각하면(念佛), 지금 눈앞에서나 가까운 미래에 반드시

28 가행加行: 어떤 것을 성취하기 위해서, 본래의 수행에 힘을 더하여 행하는 수단적 수행. 또는 본격적인 수행에 앞서 행하는 예비적 수행을 말한다.

부처님을 뵙고, 아무 방편을 빌리지 않고서도 저절로 마음이 열리게 된다. 이와 같으니, 염불이야말로 마음을 밝히는 요체가 아니겠는가? 다음으로 마음을 맑히는 요체 또한 염불만한 것이 없다. 한 생각이 (부처님과) 상응하면 한 생각이 부처님이고, 생각마다 (부처님과) 상응하면 생각마다 부처님이다(一念相應一念佛, 念念相應念念佛). 이와 같으니, 염불이야말로 마음을 맑히는 요체가 아니겠는가?"라고 하셨다. 무릇 이와 같으니, 한마디 아미타불이야말로 어찌 수승하고 특별한 방편(勝異方便)이 아니겠는가!

다음 두 문구에서는 한마디 아미타불이 모든 근기를 가장 널리 거두어들임을 밝힌다. 인광 대사께서 이르시길 "염불법문은 상중하의 세 근기를 두루 가피하고 예리한 근기와 둔한 근기를 전부 거두니, 위로는 등각보살도 그 바깥을 뛰어넘지 못하고, 아래로는 오역죄를 지은 악한 범부도 역시 그 가운데 참여할 수 있다"라고 말씀하셨다.

"한 가닥으로 두루 통한다"란, 염불법문은 상중하 세 근기를 두루 가피할 뿐만 아니라 지극한 원돈圓頓의 최상근기, 예컨대 『화엄경』의 선재동자, 『법화경』의 용녀, 『열반경』의 광액廣額과 같은 이들도 만약 극락에 왕생하면 바로 보불補佛의 지위에 올라 성불할 수 있다. 그러므로 한마디 아미타불은 어떠한 근기와 종성(根性)을 막론하고 모두 닦아 익힐 수 있다.

제5게송

一句彌陀 開往生門 (일구미타 개왕생문)

是多福德 非少善根 (시다복덕 비소선근)

한마디 아미타불
왕생문을 열었으니
많은 복덕으로 가능하고
적은 선근으론 안 되네.

한마디 '아미타불'은 왕생문을 엽니다. "왕생往生"은 정토의 한 가지 특징입니다. 말하자면 여러분들은 모두 사바세계의 윤회고통으로부터 바로 왕생극락에 이를 수 있습니다. 이것이 정토법문의 특징입니다. 만약 왕생을 이야기하지 않는다면 완전한 정토가 아닙니다. 그것은 마치 선종 공부를 다 끝마친 것과 같습니다. 비유하자면 비록 염불하여 '바람이 불어도 스며들지 못하고 비가 와도 적시지 못하는' 경계에 이르렀을지라도 여전히 왕생할 수 없다면 여러분은 왕생을 발원하지 않았기 때문입니다.[29] 그래서 왕생문을 열어야 하고, 다른 사람들에게 왕생을 권해야 한다고 말하는 것입니다.

그렇지만 당신이 실상을 깨닫고 지혜를 증득하였다면 이미 왕생한 것입니다. 임종 때를 기다려 왕생하기도 전에 마음은 이미 왕생하였습니다. 아미타 부처님과 상응하여 지금 현재 왕생한 것입니다. 이것이 바로 연지蓮池 대사께서 "매우 많은 조사들이 모두 이미 이루었다"고 말씀하신 이유입니다. 그래서 왕생을 하려면 복덕이 많아야 할 뿐 아니라 복덕이 매우 커야 한다고 말합니다. 게다가 그것은 세상의 복이 아니므로 세상일에 탐착해서는 안 되고 내려놓아야 합니다. 탐착을 내려놓지 않는다면 서방극락의 복덕은 없을 것입니다. 여러분들이 소유한 공덕을 모두 회향하여야만 서방극락세계에 이르고, 복덕을 회향한 까닭에 그곳에 이르러 비로소 왕생할 수 있습니다. 그러므로 적은 복덕으로는 왕생할 수 없습니다.

무엇을 '선근善根'이라 할까요? 선근은 부처님에게 있으니, 여러 방면으로 공덕을 쌓아야 합니다. 예를 들면 부처님께 정례頂禮하고, 경전을 독송하며, 부처님 명호를 염해야 합니다. 좋은 일을 많이 해야 하고, 자기의 마음(自心) 중에 청정한 자비의 원력을 세워야 하며, 장엄을 건립해야 합니다. 이러한 선근이 있어야 선근이 인지因地에 있다고 말합니다. 선지식과 인연을 맺고 부처님을 향하여 많이 청문聽聞하고 많이 친견親見하면 그것이 선근이고 선근을 심는 것입니다. 이러

---

29 왕생발원의 중요성을 말한 것으로 우익대사의 『미타요해』에서 인용한 글이다. "만약 견고한 믿음과 발원이 갖추어져 있지 않다면 설령 부처님 명호를 지녀 염불함이, 바람이 불어도 스며들지 못하고 비가 와도 적시지 못할 정도이며, 마치 은銀으로 된 담장과 철鐵로 된 벽과 같은 견고한 삼매를 이룬다고 하더라도 그는 왕생하지 못하나니, 정토수행자는 이러한 이치를 확실히 알아야 한다."

한 선근이 없으면 서방극락에 왕생하기가 어려우니, 그의 신근信根이 부족하기 때문입니다.

처음 두 문구에서는 믿음과 발원으로 명호를 지니면 왕생문을 통과할 수 있음을 밝힌다. 영명永明 선사께서 이르시길 "참선수행이 없어도 정토수행이 있으면 만인이 닦아서 만인이 모두 왕생한다(無禪有淨土, 萬修萬人去)"라고 말씀하셨다. 인광법사께서 이를 해석하여 이르시길 "영명 선사께서 만인이 닦으면 만인이 모두 왕생한다고 하심은 믿음과 발원을 구족한 자를 가리켜 말함이다"라고 하셨다.

다음 두 문구, "많은 복덕으로 가능하나 적은 선근으론 안 된다"[30]와 관련해서 우익 대사께서는 『미타요해』에서 이르시길 "보리정도菩提正道를 선근이라 이름하니 곧 친인親因이고, 각종 조도인 보시·지계·선정 등을 복덕이라 이름하니 곧 조연助緣이다. 성문과 연각은 보리의 선근이 적고, 사람과 천인은 유루有漏의 복업이라 복덕이 적어서 모두 정토에 왕생할 수 없다. 오직 믿음과 발원으로 명호를 굳게 지니면(執持名號) 곧 하나하나의 소리마다 모두 많은 선근과 복덕을 구족한다. …… 그러므로 감응의 도가 서로 이루어지게 되어 (정토의) 무늬가 이루어지면 (사바의) 도량이 무너지는 것처럼 된다. 미타성중은 (사바세계에) 오지 않으면서도 접인接引하러 오시고, 염불행자의 심식心識은 (극락세계에) 가지 않으면서도 또한 가서 보배연꽃에 몸을 의탁하게 된다"[31]라고 하셨다. 그러므로 믿음과 발원으로 명호를 굳게 지니면

30 이 대목은 『아미타경』의 "적은 선근과 복덕의 인연으로는 저 극락에 날 수 없다(不可以少善根福德因緣 得生彼國)" 를 게송으로 표현한 것이다.

소리소리마다 많은 선근과 많은 복덕을 원만히 갖추어 의심 없이 왕생의 문으로 바로 나아간다.

31 『미타요해』(대정장 1762, p.371ab), “菩提正道名善根, 卽親因. 種種助道, 施戒禪等名福德, 卽助緣. 聲聞獨(緣)覺 菩提善根少. 人天有漏福業, 福德少. 皆不可生淨土. 唯以信願執持名號, 則一一聲, 悉具多善根福德.…… 故使感應道交, 文成印壞. 彌陀聖衆, 不來而來, 親垂接引. 行人心識, 不往而往, 托質寶蓮也.”

제6게송

一句彌陀 臨終佛現 (일구미타 임종불현)

四辯親宣 十方共讚 (사변친선 육방공찬)

한마디 아미타불
임종 때 아미타불께서 나타나시니
세존께서 사변으로 친히 말씀하시고
시방제불께서 함께 찬탄하신다.

한마디 '아미타불'로 임종 때 아미타불께서 나타나십니다. 아미타불께서 틀림없이 눈앞에 나타나십니다. 단지 임종 때 세상일에 집착하지 말고 정말로 내려놓기만 하면 됩니다. 혹은 한마디 '아미타불'로 어떤 사람이 조념助念[32]하여도 아미타불께서는 반드시 현전現前하십니다. 임종 때 왜 아미타불께서 현전하실까요? 임종 때 현전하는 것은 여러분의 마음이 그때 가장 많이 집중하고 있기 때문입니다. 어떤

32 "조助는 돕는다는 뜻이고, 념念은 정념正念을 말한다. 합쳐서 설명하면 임종하는 사람을 도와 정념이 생각 생각마다 현전하게 한다는 뜻이다." 석세료釋世了, 『칙종수지飭終須知』.

사람을 가장 많이 생각하면 그 사람이 바로 나타납니다. 평상시 지은 업 중에서 어떤 업이 가장 무거우면 그 업이 바로 나타나고, 업상業相[33]이 바로 나타나게 됩니다. 만약 여러분이 평상시 제불諸佛을 생각하였다면 제불께서 바로 나타나실 것입니다. 만약 평상시에 여러분이 임종 때 밀교의 상사上師가 나를 구하러 올 것이라 생각하였다면 그분이 바로 나타날 것입니다. 이러한 일이 반드시 일어나므로 "임종 때 아미타불께서 나타나신다"라고 하신 것입니다.

"세존께서 사변으로 친히 말씀하시고. 시방제불께서 함께 찬탄하신다." 여기서 "사변四辯"이란 석가모니 부처님께서 정토법문을 "사변(네가지 뛰어난 변설)"으로 친히 말씀하신다는 뜻입니다. 부처님께서는 변재(辯才: 말솜씨)가 걸림이 없으십니다. "사변"은 바로 법에 걸림 없는 변재(法無礙辯)로서 정토법문을 설하심에 있어 걸림이 없습니다. 또한 의리義理에 걸림이 없는 변재(義無礙辯)로서, 정토의 의리義理로는 왜 왕생할 수 있는가와 아미타불의 원력, 그리고 서방의 갖가지 장엄공덕 등이 있는데, 이를 모두 의무애변이라 부릅니다. 또한 말씀에 걸림이 없는 변재(辭無礙辯)로서 갖가지 미묘한 말씀을 구사하고 표현하십니다. 또한 즐겨 설함에 걸림이 없는 변재(樂無礙辯)로서 정토법문을 즐겨 설하심에 걸림이 없습니다.

그리고 "시방제불께서 함께 찬탄하신다"라고 하신 것은 『아미타경』에서 시방의 부처님들께서 찬탄하신 것을 말합니다. 『아미타경』에서는 단지 육방六方만 나오지만 실제로는 시방입니다. 시방의 부처님들께

---

33 업상業相: 근본불각根本不覺의 망심妄心에 의하여, 진여眞如의 일념이 처음 기동하여 생기는 최초의 상태.

서 모두 함께 아미타 부처님의 정토가 수승하고 시방제불의 호념護念을 얻게 된다고 찬탄하십니다. 따라서 염불하는 사람은 시방제불의 호념을 얻게 됩니다.

혹자는 의심하여 "우리들이 염불해도 임종 때 부처님이 접인하지 않으시면, 왕생이 단지 그림의 떡이 되지나 않을까 두렵다"고 말한다. 철오 선사께서는 우리들을 보임(保任: 본래성품을 잘 보호하여 지킴)하기 위해 말씀하시기를 "단지 믿음과 발원을 갖추고 청정한 염이 상속된다면 아미타불께서 반드시 임종 때에 그의 앞에 나타나 접인하여 왕생하리니 염려하지 말라"고 하셨다.

왜 그러한가? 석가모니 세존께서 『아미타경』에서 사변四辯으로 친히 말씀하시길 "만약 하루 내지 칠일 동안 일심불란一心不亂[34]하면 그 사람이 임종할 때 아미타불께서 여러 성중과 함께 그 사람 앞에 나타나시리니, 그 사람은 목숨을 마칠 때 마음이 전도되지 않아 바로 아미타불의 극락세계에 왕생하게 될 것이니라"라고 하셨다. 육방의 제불께서도 넓고 긴 혀(廣長舌)를 내어 찬탄하고 증명하여 말씀하시길 "너희 중생들은 마땅히 이 불가사의한 공덕을 찬탄하고 일체의 모든 부처님께서 호념하시는 경(『아미타경』의 본래 이름)을 믿을지니라"라고 하셨으니, 이 말씀은 결코 그릇됨이 없다.

---

34 일심불란에 대한 여러 가지 해석이 있다. 1) 다른 선근善根에 마음을 두지 않고 오로지 아미타불만 믿고 칭명稱名하는 것, 2) 염불할 때의 마음이 산란하지 않고 지성의 신심(至誠信心)으로 오로지 부처님 명호를 염하는 것, 3) 불력佛力의 진실한 신심(眞實信心)으로 한 번 이 신심을 얻는 사람은 결코 파괴되지 않는다.

제7게송

一句彌陀 成佛標準 (일구미타 성불표준)

以念佛心 入無生忍 (이염불심 입무생인)

한마디 아미타불
성불의 표준이라.
염불하는 마음으로
무생인에 들어간다.

한마디 아미타불은 성불의 표준입니다. 그렇다면 이 구절을 어떻게 이해해야 할까요? 첫째, 한마디 '아미타불'은 모든 부처님의 공덕을 대표합니다. 만약 여러분이 마음속으로 아미타불과 상응한다면 사상(事相: 현상적으로 드러난 측면)으로 말해 사상事相의 부처가 표준이 됩니다. 그것은 (극락) 장엄이 필요하고 무량 공덕이 표현되어야 합니다. 둘째, 만약 여러분이 이(理: 본체 진여)의 입장에서 아미타불과 상응한다면 아미타불의 각성覺性과 아미타불의 무량한 지혜광명 가운데로 계입契入할 수 있습니다. 그러면 그것이 이理의 입장에서 표준입니다. 사事와 이理가 원융圓融하므로 한마디 '아미타불'은 바로 성불의 표준이라고 하신 것입니다.

"염불하는 마음으로 무생인[35]에 들어간다." 즉 염불하는 마음으로써 생각 생각마다 깨달음으로 비추고, 공으로 신심 세계를 바로 잡으며, 우리들이 간직한 깨달음의 성품과 상응한다면 최후에는 무생법인을 증득하게 됩니다. 무생법인의 경계는 바로 팔지八地이고, 팔지를 증득하면 무생법인에 들어갑니다.

한마디 아미타불은 인因도 묘하고 과果도 묘하다. 『관경』에서는 "이 마음이 부처를 지으면 이 마음이 곧 부처이다(是心作佛, 是心是佛)"라고 설한다. 여기서 작불作佛은 인因이고 성불成佛은 과果이니, 어찌 다시 의심하겠는가? 심성心性은 본래 시간적으로 과거·현재·미래에 다함이 없고, 공간적으로 시방세계에 가득하니 그 체體가 곧 법계法界이다.

그러므로 전등傳燈대사께서 이르시길 "법계가 원융한 몸(體)이므로 내가 일념一念의 마음을 지으면 지금 나의 염불하는 마음 전체가 곧 법계이다. 만약 공간적으로 시방세계에 가득하다고 말한다면, 지금 염불하여 극락정토에 왕생을 구할 때 서방극락의 의보와 정보(西方依

---

35 무생인無生忍: 무생법인無生法忍을 말한다. 삼법인三法忍의 하나로 모든 법이 생기지 않는 불생불멸의 진리를 깨닫고 마음의 동요치 않는 지위를 말한다. 무생법인이란 일품무명(一品無明, 근본무명)을 깨뜨려 일분삼덕(一分三德, 법신·반야·해탈의 삼덕을 갖춘 불성)을 증득하고, 별교초지別教初地와 원교초주圓教初住의 지위에 올라 능히 백계百界에서 분신分身하여 부처가 되고 유정有情을 교화 제도하는 것이다. 『무량수경』에서는 극락세계의 중생들이 극락에 있는 보리수나무를 보면 음향인音響忍·유순인柔順忍·무생법인의 삼법인을 얻는다고 한다.

正)가 내 마음 안에 있고, 내 마음은 이미 서방극락의 의보와 정보 안에 있나니, 마치 두 개의 거울이 빛을 교환하듯이 서로 머금고 서로 비춘다. 만약 시간적으로 과거·현재·미래에 끝이 없다고 말한다면, 곧 염불하는 때가 곧 부처님을 친견하는 때이자 곧 성불하는 때이니, 왜냐하면 삼세가 본래 일체라서 다시 전후가 없기 때문이다. 비유컨대 한단의 한바탕 꿈(邯鄲一夢)과 같아 오십 년의 세월 동안 모든 것을 다 갖추었고 갖가지 사업을 다 해보았어도 역려(逆旅, 사바세계)에 있는 주인 황량黃粱은 쌀죽이 채 되기도 전에 벌써 (한평생의 일을) 끝마쳤다(了辦). 이러한 이치를 깨닫는 것은 너무나 어렵지만 믿는 것은 너무나 쉬우니라"라고 하셨다.

대세지보살大勢至菩薩께서는 이미 우리들을 위해 몸으로 증명해 보이시길 "나는 본래 인지(因地, 보살로 수행하는 단계)에서 염불하는 마음으로 무생법인無生法忍에 들어갔다"[36]라고 하셨다. 무생법인이란 일품무명(一品無明, 근본무명)을 깨뜨려 일분삼덕(一分三德, 삼덕을 갖춘 불성)을 증득하고,[37] 별교초지別教初地와 원교초주圓教初住의 지위에 올라 능히 백계百界에서 분신分身하여 부처가 되고 유정有情을 교화 제도하는 것이다. 그리니 어찌 한마디 아미타불이 성불의 표준이 아니겠는가? 대세지보살께서는 또한 아래에서 "지금 이 세계에서 염불행자를 섭수하여 정토에 돌아간다"[38]라고 말씀하셨다. 그러한즉 우리들은 염불로써 인을 짓고 불과佛果를 이룰 뿐만 아니라, 장차 반드시 과상(果

36 『首楞嚴經』(대정장 945, p.128b), "我本因地以念佛心 入無生忍."

37 삼덕三德은 법신덕法身德, 반야덕般若德, 해탈덕解脫德을 말한다.

38 『수능엄경』(대정장 945, p.128b), "今於此界攝念佛人 歸於淨土."

上, 과의 지위)에서 인(因, 보살도)을 행해야 하는 것이니, 즉 자비의 배를 거꾸로 타고서(倒駕慈航) 사바에 다시 돌아와 염불법문으로써 법계의 일체유정을 교화 제도해야 한다.

제8게송

一句彌陀 證三不退 (일구미타 증삼불퇴)

祇此一生 便補佛位 (기차일생 편보불위)

한마디 아미타불
삼불퇴를 증득하나니
단지 이 한생에
바로 보불의 자리에 오른다.

한마디 아미타불, 세 가지 불퇴위를 증득합니다. 첫째는 위불퇴位不退이고, 둘째는 행불퇴行不退이며, 셋째는 중도정념불퇴中道正念不退입니다. 위位가 불퇴이니, 범부의 자리로 물러나지 않습니다. 행行이 불퇴이니, 보살은 행이 퇴전하지 않고 줄곧 보살도를 행합니다. 또한 중도의 지혜가 있어, 보살은 양변兩邊에 머물지 않고 최고 구경究境인 법신의 정도正道에 계입契入하여 퇴전하지 않습니다. 그래서 "단지 이 한생에 바로 보불(補佛: 일생보처)의 자리에 오른다"라고 하신 것입니다.

"단지 이 한생"이란 왕생 이후를 가리킵니다. 만약 삼불퇴에 신불퇴信

不退를 하나 더 추가하여 4불퇴四不退라 합니다. 이 한생에 왕생하여 곧바로 성불하여 마치니, 바로 불위佛位를 얻고 다시는 퇴전하지 않습니다.

이 게송은 염불왕생의 수승한 이익을 밝히고 있다. 한마디 아미타불을 늘 그침 없이 꾸준히 지속적으로 지니면 임종 때에 반드시 부처님께서 접인하심을 받아 서방극락에 왕생할 수 있다. 한 번 서방극락에 왕생하면 반드시 세 가지 불퇴(三種不退)를 원만히 증득하게 된다. 첫째는 위불퇴位不退로 성인의 흐름(聖流)에 들어가 범부로 떨어지지 않는다. 둘째는 행불퇴行不退로 항상 중생을 제도하여 이승二乘에 떨어지지 않는다. 셋째는 염불퇴念不退로 생각 생각마다 살바야薩婆若의 바다로 흘러 들어간다. 살바야의 바다란 부처님의 일체종지一切種智를 말한다. 부처의 지혜는 광대하여 바다에 비유한 것이다.

극락세계의 인민들이 인因 가운데서 염불하면, 부처님의 원력으로 말미암아 부처님과 수명이 다르지 않게 된다. 수명이 무량겁인 까닭에 다른 생을 거치지 않고, 단지 이 한생에서 바로 일생보처의 지위에 올라 미륵보살이나 관세음보살과 차이가 없게 된다.

우익 대사께서 『미타요해』에서 이르시길 "오직 극락의 동거정토만은 일체가 다 아니면서 일체가 다 그렇다. 시방의 불국토에는 이러한 이름과 모습(名相)이 없고, 이러한 계위가 없으며, 이러한 법문이 없다. 심성의 극치와 지명염불의 뛰어난 공훈과 아미타불의 대원이 아니고서야 어찌 이러함이 있겠는가? 일생보처一生補處란 단지 일생에 부처의 자리를 보임하게 되는 것으로, 미륵보살이나 관음보살 등과 같다. 극락세계의 인민들은 모두 다 한생에 성불하여, 사람마다 반드시 일생보처의 지위를 실제로 증득하게 된다"[39]라고 말씀하셨다. 또한 일생보처를 이룬 사람의 수는 매우 많아서 그 수를 셀 수가 없다.

39 『淨土十要』「미타요해」(속장경, p.652c), "唯極樂同居 一切俱非 一切俱是. 十方佛土 無此名相 無此階位 無此法門 非心性之極致 持名之奇勛 彌陀之大愿 何以有此. 一生補處者 只一生補佛位 如彌勒觀音等 極樂人民 普皆一生成佛 人人必實證補處."

제9게송

一句彌陀 滿十大願 (일구미타 만십대원)

豈得普賢 錯教了辦 (기득보현 착교요변)

한마디 아미타불
십대원을 원만히 이루네.
어찌 보현보살 얻은 것을
끝냈다고 잘못 가르치랴.

한마디 '아미타불'은 보현보살의 십대원[40]을 원만히 이룹니다. 그것은 제불에게 예경하고, 부처님께 공양하며, 경전을 독송하고 중생에게 수순하는 것과 같은 등의 십대원을 모두 원만히 이룰 수 있습니다. 십대원이 모두 여기에 있습니다. 그래서 "어찌 보현보살 얻은 것을

40 보현보살의 십대원十大願은 첫째, 모든 부처님을 예경하라(禮敬諸佛). 둘째, 여래를 찬탄하라(稱讚如來). 셋째, 널리 공양을 닦으라(廣修供養). 넷째, 업장을 참회하라(懺悔業障). 다섯째, 공덕을 따라 기뻐하라(隨喜功德). 여섯째, 법륜 굴릴 것을 청하라(請轉法輪). 일곱째, 부처님께 세상에 머무시길 청하라(請佛住世). 여덟째, 항상 불학을 따르라(常隨佛學). 아홉째, 항상 중생을 수순하라(恒順衆生). 열째, 두루 다 회향하라(普皆回向)이다.

끝마쳤다 잘못 가르치랴"라고 하신 것입니다. 왜 그럴까요? 보현보살께서는 십대원을 발한 후에 마지막에 화장찰해의 대중을 극락으로 돌아가도록 인도하시니, 보현보살의 원력은 극락으로 돌아가도록 인도함에 있습니다. 보현보살께서는 그 무엇도 극락으로 데리고 가는 것이 없고 단지 이 원력만이 극락으로 데리고 간다고 말씀하십니다. 따라서 이러한 그분의 원은 잘못이 없기에 "끝마쳤다 잘못 가르치랴"라고 말씀하신 것[41]입니다. 보현보살은 잘못 가르치지 않았으며, 그의 결정은 대단히 정확합니다.

이 게송은 한마디 아미타불이 원돈圓頓법문임을 밝힌 것이다. 이는 『화엄경』에서 보현보살의 십대원왕[42]이 극락으로 돌아가게 함으로써 증명되었다. 그러니 어찌 아미타불을 부르는 염불법문이 권교와 점교의 법문이겠는가! 『화엄경』은 삼장三藏의 왕이다. 화엄의 칠처구회七處九會[43]에서 부처님께서는 순전히 스스로 증득한 법문만을 말씀하셨는데, 그 법문의 대상이 되는 근기는 십주十住·십행十行·십회향十回

---

41 보현보살의 목적은 십대원으로 끝나는 것이 아니라, 십대원 이후에 극락으로 돌아가는 것이 최종목적이기에 보현보살이 얻은 십대원이 끝이 아니라는 말.

42 보현보살의 덕은 (40권)『화엄경』의 마지막에 나오는 10대 강령으로 귀납되는데, 이를 '십대원왕十大願王' 이라고 부른다. 『화엄경』의 마지막에서 보현의 십대원왕은 선재동자로 하여금 41위 보살들과 함께 극락으로 가도록 인도하고 있다. (정공 법사 강의, 정옥순 역, 『불설대승무량수장엄청정평등각경친문기』, 삼보제자, 2005 참조)

43 『화엄경』은 모두 일곱 장소에서 아홉 번의 법회가 열리는데 이를 칠처구회七處九會라 한다.

向·십지十地·등각等覺 등 41위位의 법신대사法身大士이어서, 소승의 근기와는 분절되어 있다. 이승二乘은 설사 자리가 있다 하더라도 귀머거리나 벙어리처럼 이른바 "귀가 있어도 원돈교圓頓敎를 듣지 못하고, 눈이 있어도 노사나불을 보지 못한다"고 했다. 마지막에 보현보살께서는 선재동자에게 가르치고 화장찰해華藏刹海의 대중에게 권유하고, 십대원十大願을 발하여 이를 원만한 불과佛果를 위해 서방으로 회향하셨다. 염불하여 서방에 왕생하는 일문一門을 볼 수 있고, 또한 화엄을 동부(同部, 같은 부류)로 삼아 원돈교로 끝낼 수 있다. 유감스럽게도 종승宗과 교승敎의 국토를 득의得意하지 못하면서도 오히려 염불일문을 생멸문 가운데 권교와 점교의 법으로 여긴다. 수고로이 선사께서 "만약 염불왕생이 권점權漸의 소교小敎라면 어찌 보현십원이 극락으로 돌아가게 하는 것 또한 잘못이 아니고서 어찌 이런 일이 있을 수 있겠는가!"라고 큰 소리로 외치셨다.

우익 대사께서 『미타요해』에서 이르시길 "석가모니의 일대시교에서 오직 『화엄경』만이 일생원만(의 불과)을 밝히고 있는데 일생원만의 인因은 곧 마지막 「보현행원품」 가운데 십대원왕으로써 안양(극락)으로 돌아가도록 인도하는 데 있다. 또 이것으로써 화장찰해의 대중에게 권유한다. 아! 범부가 일생보처에 오른다는 것은 탁월한 제창이며 지극한 이야기여서 가히 추측하거나 헤아릴 수 없다. 『화엄경』에서 부여받은 것이 오히려 이 경(『아미타경』)에 있건만 천하 고금에 믿는 자는 적고 의심하는 자는 많으며, 표현이 번잡하여 뜻을 손상하고 있으니, 나는 오직 심장을 도려내고 피를 흘릴 뿐이다"[44]라고 말씀하셨다. 인광 대사께서도 또한 "『화엄경』은 일생성불一生成佛의 인과를 갖춰 밝혀서 서방에 왕생을 구함으로 귀결로 삼으니, 염불하여 서방에 왕생을 구하는 일법一法은 시방삼세 일체제불께서 위로는 불도를 이루고 아래로는 중생을 교화하여 처음과 끝을 이루는 총지법문이다"라고 말씀하셨다.

44 『미타요해』, "釋迦一代時教, 唯華嚴明一生圓滿(佛果). 而一生圓滿之因, 則末后普賢行愿品中十大愿王導歸安養, 且以此勸進華藏海衆. 嗟乎 凡夫例登補處 奇倡極談 不可測度. 華嚴所稟 却在此經 而天下古今信尠疑多 辭繁義蝕 余唯有剖心瀝血而已."

제10게송

一句彌陀 白牛駕勁 (일구미타 백우가경)

其疾如風 行步平正 (기질여풍 행보평정)

한마디 아미타불

흰 소가 끄는 수레의 기세일세.

그 빠르기는 바람과 같고

그 행보는 공평하고 바르다.

한마디 아미타불은 흰 소입니다. 큰 흰 소(大白牛), 이것은 무엇입니까? 일승一乘의 불법佛法이자 위없는 도道를 말합니다.

"그 빠르기는 바람과 같아" 더없이 상쾌합니다. 문득 깨우치고 문득 증득하여(頓悟頓證) 곧바로 성불하며 마치니, 중간에 지체되고 막히는 것이 없고 왜곡되는 것이 없습니다. '그 빠르기는 바람과 같아' 더없이 신속히 상응합니다.

"그 행보는 공평하고 바르다"라 함은 그것의 행보가 더없이 반듯하다는 뜻입니다. 왜 그렇습니까? 일체 모두가 도道이기 때문입니다. 한마디 부처님 명호는 지금 현재 구체적으로 드러나는 도입니다. 왜냐하면 이 중도中道는 원융하고 평등하며, 직접적이고 본래부터 그러한 것(法爾)[45]이기 때문입니다. 당연히 여러분이 한마디 부처님 명호를 염하여 상응할 때 일체의 마장이 없어지고, 일체의 외도와 삿된 대립이 모두 다 사라지며, 일체의 재난이 모두 해결됩니다.[46] 그것은 비록 행보가 반듯하다고 말하지만 일체의 장애를 멀리 여의고, 일체의 걸림을 멀리 여의며, 직접 아미타불과 상응하여 감응도교感應道交[47]가 이루어집니다.

이 게송에서는 흰 소가 끄는 수레(白牛駕車)를 비유로 삼아 염불일문念佛一門이 불도를 빨리 이루는 묘법妙法임을 찬탄하고 있다. 『법화경』「비유품」에는 양이 끄는 수레·사슴이 끄는 수레·소가 끄는 수레·흰 소가 끄는 큰 수레의 비유가 나오는데, 양이 끄는 수레는 성문승聲聞乘을 비유하고, 사슴이 끄는 수레는 연각승緣覺乘을 비유하며, 소가 끄는 수레는 보살승菩薩乘을 비유하고 흰 소가 끄는 큰 수레는 불승佛乘을 비유한다.

철오 선사께서는 흰 소가 끄는 수레의 기세처럼 힘이 있어, 그 빠르기는 바람과 같고 그 행보行步가 공평무사하다고 비유하여 지명염불의 수승함을 찬탄하셨다. 흰 소가 끄는 힘은 한마디 아미타불로 한 생각 부처님을 염하면 한 생각 부처님에 상응하고, 생각마다 부처님을 염하

---

45 법이法爾: 다른 어떤 힘도 빌리지 않고 자신이 가지고 있는 스스로의 법칙에 의해서 본래부터 그러함을 뜻한다.

46 부록 2 염불 십종공덕 참조.

47 중생의 간구懇求와 불보살의 응답이 서로 소통하는 것을 일컫는다.

면 생각마다 부처님에 상응하여 어떠한 강건한 힘도 불도를 향해 나아간다. 그 빠르기는 바람과 같다 함은 한번 왕생을 하면 곧 세 가지 불퇴를 원만히 증득하여 다른 생을 거치지 않고 결정코 부처의 자리를 보임함을 비유한 것이다. 그 행보가 공평무사하다고 함은 일체 수행은 염불로 온당함을 비유한 것이다. 쉬운 행(易行)으로 매우 빠르게 이르는 도道는 바로 한마디 위대한 명호이다. 본각本覺의 내훈력內熏力에 의지함과 믿음과 발원으로 명호를 지니는 힘, 그리고 아미타불의 대원력, 이 세 가지 힘이 한곳에 모이면 자연히 이 한생에 불도佛道를 원만히 이루게 된다.

제11게송

一句彌陀 如來藏心 (일구미타 여래장심)

水外無浪 器原是金 (수외무랑 기원시금)

한마디 아미타불

여래장심이라.

물 이외에 물결은 없고

그릇은 원래 금이라네.

앞에 나온 게송에서 "흰 소가 끄는 수레의 기세일세"라고 말한 것은 천태종의 원교圓敎인 『법화경』의 내용입니다. 이번 게송에서는 한마디 아미타불에는 "여래장심如來藏心"이 있다고 말합니다. 바꾸어 말해 이것에는 유식唯識의 내용, 혹은 여래장심을 설하는 『능가경楞伽經』의 내용이 들어 있다고 말할 수 있습니다.

"물 이외에 물결은 없고," 물 이외에 물결은 없으니 식識이 바로 지혜입니다. '식'은 우리들의 현재 분별하는 마음이자 과거에 염불한 마음으로, 만약 여러분이 분별하지 않는다면 바로 지혜뿐입니다. 그래서 물 이외에 물결은 없다고 하신 것입니다.

"그릇은 원래 금이라네." 그릇은 모두 금으로 만들어진 것입니다. 여러분이 범부의 마음으로 한마디 위없는 부처님 명호를 염하면 그 범부의 마음이 바로 부처님의 마음(佛心)이고, 부처님의 법계法界이며, 중도불이中道不二입니다. 이것이 바로 여래장심입니다. 여래장에는 공여래장空如來藏[48]과 불공여래장不空如來藏[49]이 있습니다. 공불공空不空여래장[50]은 지금 현재 바로 갖추어져 있는 것을 말합니다.

이 게송에서는 한마디 부처님 명호를 염하는 것은 곧 중생의 정인불성正因佛性·본각이체本覺理體임을 밝히고 있다. 또한 곧 부처님의 법신이다. 중생의 무명은 옭아맴(纏, 번뇌)에 존재하는 까닭에 여래장이라 이른다.

"물 바깥에는 파도물결이 없다"란 문구에서 물은 여래장성(藏性)을 비유하고 파도물결은 부처님의 생각(佛念)을 비유한다. 여래장성을 여의고는 부처님의 생각이 없는 까닭에 물 바깥에는 파도물결이 없다고 이르셨다.

"그릇은 원래 금이라네." 이것은 금으로 이루어진 그릇은 금목걸이,

---

48 모든 부처님이 증득한 청정법신清淨法身의 체體. 이 체는 여래의 한량없는 공덕을 지니고 있으므로 여래장如來藏이라 하고, 번뇌와 상응相應하지 않으므로 공空이라 한다. (동국역경원, 불교용어사전 참조)

49 여래장, 곧 진여의 자체에 온갖 덕이 구족하여 무슨 덕이나 갖추지 못한 것이 없고, 무슨 법이나 나타내지 못하는 것이 없는 것을 말한다. (동국역경원, 불교용어사전 참조)

50 이 여래장성如來藏性은 그 자체가 청정하여 모든 주변 상황이 부딪쳐오는 대로 그에 걸맞은 작용이 일어난다.

금귀고리 등과 같이 무엇이나 금 그릇이라 한다는 뜻이다. 이로써 본성의 작용(性起)[51]에 따라 닦고, 전체 그대로 닦음이 곧 본성(불성, 참마음)이므로(全修卽性) 위대한 명호를 집지하면 생각 생각이 곧 부처임을 비유하였다. 이른바 한 생각 부처님을 염하면 한 생각 부처님에 상응하고, 생각마다 부처님을 염하면 생각마다 부처님에 상응한다.

51 화엄종의 교리로 성기性起란 사물이 진실한 본성에 따라 나타나고, 중생의 근기에 따라 그의 작용을 일으키는 것을 뜻한다.

제12게송

一句彌陀 妙眞如性 (일구미타 묘진여성)

春在華枝 像含古鏡 (춘재화지 상함고경)

한마디 아미타불
미묘한 진여성품이라.
봄은 꽃가지에 있고
만상은 옛 거울에 들어 있다.

한마디 '아미타불'은 바로 미묘한 진여의 성품(妙眞如性)입니다. "미묘한 진여성품"은 『능엄경』에서 설하고 있는 내용입니다.

"봄은 꽃가지에 있다." 봄은 어디에 있습니까? 봄은 꽃가지에 있습니다. 우리들은 꽃을 보면 봄이 왔음을 바로 압니다. 그렇다면 부처님은 어디에 있습니까? 어떤 이는 "스승님, 불아(佛我, 내 안의 부처)를 어떻게 찾을 수 있습니까?"라고 말합니다. "염불하는 것이 부처님이 아닙니까?"라고 말하는 이도 있습니다. 마치 봄이 꽃가지에 있는 것과 같습니다.

"만상은 옛 거울에 들어 있다." 만상은 모두 다 옛 거울 안에 들어 있으니, 바로 여러분의 한 조각 청정한 마음 가운데 있습니다. 염불이 생각 생각마다 상속하면 더없는 청정함이 현현하니, 당연히 여기에 사事가 있고 여기에 이理가 있습니다. 사事는 한마디 부처님 명호를 말하고, 이理는 각성(覺性, 불성)을 말합니다. 각성은 또한 염불이고, 한마디 아미타불입니다. 그렇게 일체의 현상, 일체의 모든 법이 서로 그 안에 들어 있으니, 바로 이 옛 거울 안에 들어 있습니다.

이 게송에서는 한마디 아미타불은 모두 원융무애한 중도中道로 오묘한 진여성품(妙眞如性: 본래 마음, 참마음)을 현현한다고 밝힌다.

대개 명호를 굳게 지니면 이에 미묘한 진여의 성품을 따라 생각이 일어나니, 다만 형상 없음을 염하면 곧 공관空觀이다.

부처님의 명호를 지님이 완연히 입에 있고 역력히 귀에 가득하여 그 상相이 없지 않으니 곧 가관假觀이다.

공空에 즉卽[52]하면서 가假이고, 가假에 즉卽하면서 공空이며, 쌍으로 공가空假의 두 변(二邊)을 비추니 곧 중관中觀이다.

비유컨대 마치 봄은 형상이 없지만 온갖 꽃가지에는 그 소식이 투철한 것과 같다. 밝고 맑은 옛 거울(古鏡: 본래마음)은 만상萬像을 비추는 곳에 불변하는 비춤의 성품(照性)[53]이 나타나는 까닭에 "봄은 꽃가지에

52 지례知禮 스님이 『십이문지요초十二門指要鈔』에 이르길 "즉卽에는 세 가지 뜻이 있다" 고 말하였다. 즉
①두 가지 사물은 하나로 연합되어 있음을 즉이라 한다(二物相合卽).
②현상의 이면인 그 본질은 하나임을 즉이라 한다(背面相卽).
③사물의 당체는 전체 그대로임을 즉이라 한다(當體全是卽).

53 인광 대사는 "(반야심경을) 축약하여 말하면 단지 비출 조照 한 글자이니, 법마다

있고, 만상은 옛 거울에 들어 있다"라고 말씀하신 것이다.

모두 원만히 드러나고 법마다 원만히 소멸한다. 드러나고 소멸함이 모두 고요히 그치면 하나의 참마음(一眞)이 철저하게 드러난다" 라고 말하였다.

제13게송

一句彌陀 清淨實相 (일구미타 청정실상)

絶議絶思 難名難狀 (절의절사 난명난상)

한마디 아미타불

청정실상이라.

의론도 사려도 끊어지고

이름도 형용도 어렵다.

한마디 아미타불, 그것은 바로 청정실상清淨實相입니다. 만약 모든 상相이 상이 아님을 보면 곧 그것을 실상實相이라 합니다. 그것은 본래 청정한 것이고 상을 떠날 수 없습니다. 상에 즉卽해서 보아야 하고, 상을 떠나서는 실상을 결코 볼 수 없습니다. 그것은 사려思慮도 의론議論도 끊어진 경계입니다. 실상의 경계에서는 의논할 법도 없고 생각할 법도 없습니다.

"이름도 형용도 어렵다." 말할 수 없으니, 명칭으로 이름할 법도 없고, 모습과 형상으로 형용할 법도 없습니다. 그러니까 우리들에게 한마디 부처님 명호는 하나의 이름자에, 하나의 소리에 불과한 것이 아니라 그것이 바로 실상임을 알려줍니다. 과거에 요연법사了然法師란 스님이 계셨는데, 그가 남긴 문장이 하나 있습니다. "한마디 아미타불은 정토이고, 실상이며, 중도불이中道不二이니라." 이 문장에서 바로 이 뜻을 드러내고 있습니다. 여러분이 한마디 아미타불을 소리 내어 부처님 명호 이름자를 부를 필요도 없이 그것은 법계의 실상이자 전체가 현현한 것입니다. 여러분이 염불할 때 염에 즉하고 염을 떠나야 하며,[54] 분별을 일으키지 말고 전체가 현현하여야 합니다. 그렇게 현현한 것이 바로 실상입니다.

이 게송은 한마디 부처님 명호는 곧 일심삼관一心三觀이고 청정실상淸淨實相임을 밝히고 있다.

유계幽溪 대사[55]께서 이르시길 "일심불란一心不亂하여 온갖 인연이 함께 고요하니 곧 공관空觀이다. 염불의 대상인 여섯 자 거룩한 명호가 낭랑하여 분명하니 곧 가관假觀이다. 염불하는 주체(能念)는 비록 공空하나 염불의 대상(所念)은 완연하다. 염불의 대상은 비록 가假이지만 공의 소리(空響)는 실實하지 않다. 이와 같이 즉공卽空은 공하지 않아 공이 곧 가假이고, 즉가卽假는 가假이지 않아 가가 곧 공이다. 서로 가로막고 서로 잊으니(雙遮雙忘) 곧 중관中觀이니라" 하셨다.

---

54 아미타 부처님을 지성으로 염하는 것은 염念에 즉卽함이고, 염이 지극하여 무념無念이 됨은 염을 떠남이다.

55 유계幽溪 전등 대사는 명 말기의 스님으로 연지 대사와 함께 영암映庵 선사의 제자였다. 천태교법을 배웠고 더불어 선과 정토를 닦았다. 대사께서 지으신 『정토생무생론淨土生無生論』은 천태종의 일심삼관의 의지意旨를 융합하여 정토법문을 천양하고 있다.

호계虎溪 대사께서 이르시길 "경계는 묘한 가(妙假)이고, 관하는 마음은 공空이며, 경계와 관하는 마음을 모두 잊는 것(雙忘)이 중中이다. 잊고 비춤(忘照)에 어찌 전후가 있겠는가? 일심은 원융하고 끊어져(融絶) 아무런 자취가 없노라" 하셨다. 이러한 갖가지 경계는 이치가 매우 깊어서 마음으로 사려할 수 없고 말로 의론할 수 없다. 또한 형용하기도 어렵고 묘사하기도 어렵다. 그러므로 "의론도 사려도 끊어지고 이름도 형용도 어렵다"라고 하신 것이다.

제14게송

一句彌陀 圓融法界 (일구미타 원융법계)
覿體全眞 交羅無礙 (적체전진 교라무애)

한마디 아미타불
원융법계라.
보이는 본체가 다 진실하여
얽히고설켜도 걸림이 없네.

한마디 '아미타불'은 바로 원융법계입니다. 무엇을 '원융법계'라 합니까? 그것은 화엄의 경계로 사사무애事事無礙가 바로 원융법계입니다. 사법계事法界, 이법계理法界, 사리무애법계事理無礙法界, 사사무애법계事事無礙法界의 네 가지 법계를 원융법계라 합니다.[56]

---

56 사事법계는 모든 차별 있는 세계를 가리키고, 이理법계는 우주의 본체로서 평등한 세계를 가리킨다. 이사무애理事無碍법계는 이理와 사事, 즉 본체계와 현상계는 서로 분리되어 있는 것이 아니라 하나의 걸림 없는 상호 관계 속에 유기적으로 연결되어 있음을 말한다. 사사무애事事無碍법계는 개체와 개체가 자재융섭하여 현상계 그 자체가 절대적인 진리의 세계라는 뜻이다.

"보이는 본체가 다 진실하여."[57] 이것은 한마디 부처님 명호는 전체가 모두 일진법계一眞法界이고 일진화엄一眞華嚴의 경계라는 뜻입니다. 모두를 그 안에 아우르고 있어 "얽히고설켜도 걸림이 없습니다." 그 안의 무량한 공덕변화, 무량한 장엄, 무량한 지혜, 무량한 묘용妙用이 다 한마디 부처님 명호 안에 체현되어 나타납니다. 여러분이 한마디 아미타불을 염할 때 그것은 모든 범부의 경계와 집착을 지나가되 끊임없이 뚫고 지나갑니다. 또한 모든 불보살의 공덕을 끊임없이 꽃피우고 현현합니다. 그래서 그것은 '얽히고설켜도 걸림이 없는' 경계입니다.

전등 대사는 『정토생무생론淨土生無生論』에서 "법계의 원융한 본체가 나의 일념一念의 마음이 만드는 까닭에 나의 염불하는 마음 전체가 법계이다(法界圓融體 作我一念心 故我念佛心 全體是法界)"라고 말씀하셨다.

진실로 불심佛心으로써 마음이 생기고, 각각 온 법계에 두루하여 서로 원융하고 서로 널리 미친다. 중생이 미혹에 있어 깨닫지 못할 뿐, 이 이치는 일찍이 없는 것이 아니다. 그러므로 내가 염불할 때 극락세계 의보와 정보의 갖가지 장엄이 나의 마음에 현현하여, 나의 마음은 이미 극락정토 가운데 있는 것이다. 마치 두 개의 거울이 빛을

---

57 "『화엄경』에서는 거체전진擧體全眞이라는 표현을 쓴다. 모든 존재는 그 나름대로 온힘을 다해 존재한다는 것이다. 금사자가 작은 쥐를 잡을 때는 코끼리에게 덤비는 것처럼 전력을 다한다. 이처럼 온힘을 다해서 꽃을 피우듯 이 세계에 현현하고 있는 모든 것, 물, 바람 소리 등 모든 것이 그대로 현재적으로 일어나는 것이다. 이것이 화엄이다." 김용옥 교수, 〈특집〉 '탄허 대종사 탄신 100주년 기념 특별강설 탄허 스님의 화엄세계' 2부.

비추듯이 서로 거두고 서로 원융하며, 중생과 마음과 부처의 본체가 겹겹이 얽히고설켜서 무궁무진하다. 그러므로 "보이는 본체가 다 진실하여 얽히고설켜도 걸림이 없다"라고 말씀하신 것이다.

제15게송

一句彌陀 大圓鏡智 (일구미타 대원경지)

身土影含 重重掩映 (신토영함 중중엄영)

한마디 아미타불

대원경지라.

불신과 정토가 서로 비추고 머금어

겹겹이 어울려서 돋보이네.

한마디 아미타불은 바로 대원경지입니다. 대원경지란 무엇입니까? 우리들이 본래성품을 깨달은 이후의 분별없는 지혜입니다. 밝고도 낭랑하며 한 생각도 일어나지 않는 이것이 대원경지인데, 능히 비추고 능히 사용할 수 있습니다. 그렇게 한마디 아미타불은 대원경지입니다.

"불신佛身과 정토가 서로 비추고 머금어"라는 말은 불신과 정토의 이러한 비춤이 모두 그 안에 머금고 있고, 몸과 세계가 모두 그 안에 있다는 뜻입니다.

"겹겹이 어울려서 돋보이네"란 바로 삼라만상이 겹겹이 어울려서 뚜렷하게 돋보이되 모두 걸림이 없다는 말입니다. 얼마든지 눈앞에 나타날지라도 분별이 없기에 눈앞에 나타나지 않는 것과도 같습니다.

대원경지大圓鏡智란 성불할 때 제8아뢰야식이 전성轉成함으로 말미암는다. 이 지혜는 대원경大圓鏡과 같아서 시방세계 미진찰토微塵刹土 의보·정보와 갖가지 만법이 거울 가운데 영상과 같이 겹겹이 모두 비친다. 마음·부처·중생 이 세 가지는 차별이 없다. 중생은 인因에 있어 위덕威德이 없고, 그 경계는 아직 나타나지 않았지만 그 이치는 존재하지 않은 적이 없다.

우익 대사께서 이르시길 "한마디 아미타불은 능히 사토四土[58]를 원만히 청정히 할 수 있다. 겨우 혹(惑, 번뇌)만을 조복하였다면 청정함이 동거토에 있고, 견사혹見思惑을 다 끊었다면 청정함이 방편유여토에 있다. 무명이 부분적으로 다하였다면(分盡) 부분적으로 청정한 실보토이고 부분적으로 청정한 적광토이다. 만약 무명이 조금도 남아 있지 않다면 상상上上의 실보토이고 구경의 적광토이다. 여기에 이르렀을 때 제8식이 대원경지로 바뀌어서(轉成) 법계의 미진찰토를 원만히 비추고, 불신과 정토(身土)가 중첩한 영상을 철저히 전부 드러낸다"라고 하셨다. 그러므로 "한마디 아미타불 대원경지이라. 불신과 정토가 서로 비추고 머금어 겹겹이 어울려서 돋보이네"라고 말씀하신 것이다.

---

58 사토四土는 천태지의 대사가 창안한 불토관이다. 즉 육범중생들의 거주처인 범성동거토, 견사혹과 진사혹을 끊은 성문·연각·보살들의 거주처인 방편유여토, 부분적으로 근본무명혹을 끊은 법신보살들의 거주처인 실보장엄토, 그리고 원만한 묘각부처님의 거주처인 상적광토의 네 가지 불토가 그것이다. 비록 네 가지로 나누었지만 이 네 가지 불토는 결국 하나의 불토(四土卽一)라고 본다.

제16게송

一句彌陀 空如來藏 (일구미타 공여래장)

萬法未形 一眞絶相 (만법미형 일진절상)

한마디 아미타불
공여래장이라.
만법은 아직 형성되지 않았고
일진법계는 모든 상이 끊어졌네.

한마디 아미타불은 바로 공여래장空如來藏입니다. 무엇을 공여래장이라고 합니까? 하나의 상도 없음을 깨달아 한 생각도 일어나지 않는 것을 말합니다.

"만법은 아직 형성되지 않았고"라는 말은 만법이 아직 형성되기 이전이라는 뜻입니다.

"일진법계는 모든 상이 끊어졌다"는 말은 공적空寂의 영지靈知를 말씀하신 것입니다. 공적의 영지는 공空을 수행할 때, 예를 들면 좌선하여 입정에 들면 무엇이든지 사라지면서 신심의 세계가 모두 사라져 버리고 한 생각 영지(一念靈知)만이 밝고도 낭랑합니다. 이것이 바로 한마디 부처님 명호가 현전하는 경계입니다. 이 한마디 부처님 명호는 하나의 부호이자 하나의 대표이며, 우리들의 진실한 참마음을 대표하고 우리들의 공덕을 대표하며, 아미타불을 대표하고, 일체의 진실한 도를 대표하니, 이것은 하나의 대표입니다.

한마디 아미타불은 연기성공緣起性空이요 성공연기性空緣起이다. 만약 성공연기이면 분명히 염불할 수 있고 염불의 대상이 역력하니, 이는 불공不空 여래장이다. 만약 연기성공이면 부처님을 염할 수 있어 자취가 없고 염불의 대상인 부처님 명호는 공의 울림(空響)으로 실재하지 않으니, 이는 공空여래장이다.

철오 선사께서 이르시길 "반야는 곧 연기緣起로 성공性空을 밝히고 비록 성공이라 해도 연기를 무너뜨리지 않는다. 정토는 곧 성공性空으로 연기緣起를 밝혀 비록 연기라 해도 성공性空을 장애하지 않는다. 이는 곧 공空과 유有 두 가지 문이 서로 장애하지 않느니라" 하셨다. 한마디 아미타불을 공여래장이라 해도 무방하다.

"만법은 아직 형성되지 않았고, 일진법계는 모든 상이 끊어졌네"라는 문구에서는 곧 연기로 성공을 밝히고 있다. 고인이 이른 대로 "삼라만상이 하늘에 닿을 만큼 있는데 이를 보아도 빛깔이 없고, 온갖 소리가 땅에 가득한데 이를 들어도 소리가 없네(萬象參天 觀之而無色. 群音揭地 聽之而無聲)"[59]라는 말이 이것이다.

---

59 상세한 내용은 부록 1 「반야정토 양문대의」 참조.

제17게송

一句彌陀 圓滿菩提 (일구미타 원만보리)

天更無上 雲不與齊 (천갱무상 운불여제)

한마디 아미타불
원만보리라.
하늘은 그 이상 위가 없고
구름은 그것과 더불어 같지 않다.

한마디 아미타불은 바로 원만보리입니다. 원만하고 위없는 보리가 한마디 부처님 명호 안에 있으니, 여러분이 철저하게 염불할 때 원만보리가 전부 현전합니다.

"하늘은 그 이상 위가 없고"라는 말은 한마디 아미타불이 가장 높은 하늘이고 최고의 도라는 뜻입니다. 한마디 아미타불 이외에 최고의 경계를 다시 구할 필요가 없습니다. 그 속에 담긴 함의가 훨씬 더 깊습니다. "구름은 그것과 더불어 같지 않다." 구름은 그것과 더불어 같을 수 없습니다. 어떠한 경계가 그것과 어울릴 수 있겠습니까?

이 게송에서는 염불법문의 수승함을 밝히고 있다. 집지執持의 대상인 한마디 부처님 명호가 본각本覺이고 집지하는 주체가 시각始覺이다. 바르게 염불할 때 시각은 본각과 합하니, 곧 구경각이다. 그러므로 생각 생각마다 원만한 보리이다.

우익 대사께서 이르시길 "염불하는 대상인 부처님 명호는 깨달았든 못 깨달았든 상관없이 일경삼제一境三諦가 아님이 없다. 염불하는 주체인 생각(念)은 통달했든 통달하지 못했든 상관없이 일심삼관一心三觀이 아님이 없다. 다만 중생은 망상에 의한 집착(妄相執著)과 미혹한 생각에 의한 분별(情見分別) 때문에 원만하고 영원한 진리(圓常: 부처님의 경계)에 계합하지 못할 뿐이다. 중생은 염불하는 주체가 시각이고 염불의 대상이 본각임을 전혀 알지 못한다. 지금 곧바로 염불해 간다면 염불하는 주체 이외에 부처가 없고(持外無佛) 부처 이외에 염불의 대상이 없어서(佛外無持), 염불의 주체와 대상이 불이不二한즉 시각이 본각에 합하니, 곧 구경각이다. 이러한 이치를 깨달아서 명호를 집지하면 한 번 부르고 한 번 염함(一稱一念)이 돈원頓圓의 무상보리이니라"[60]고 하셨다.

다음 두 문구는 비유를 든 것이다. "하늘은 더 이상 위가 없으니"란 문구는 염불법문을 하늘에 비유한 것으로, 마치 하늘처럼 그 이상으로 높은 것이 없음을 말씀하신 것이다. "구름은 더불어 같지 않다네"란

60 藕益智旭, 『靈峰宗論』, 卷第四之二, "所持佛名 無論悟與不悟 無非一境三諦. 能持之念 無論達與不達 無非一心三觀. 只爲衆生妄相執著 情見分別 所以不契圓常. 殊不知能持者 卽是始覺 所持者 卽是本覺. 今直下持去 持外無佛 佛不無持 能所不二 則始覺合乎本覺 卽究竟覺. 悟此理而持名 則一稱一念 頓圓無上菩提."

문구는 나머지 모든 법문은 염불법문과 동등(齊等)하지 않다고 말씀하신 것이다.

제18게송

一句彌陀 大般涅槃 (일구미타 대반열반)

一輪明月 萬里空寒 (일륜명월 만리공한)

한마디 아미타불
대반열반이라.
둥글고 밝은 달이
만 리 허공에 차갑게 비치네.

한마디 아미타불은 『열반경』에서 설한 경계입니다. "대반열반"은 불성佛性의 위없는 대열반 경계를 말합니다. 대반열반은 "둥글고 밝은 달"과 같은 모습으로 그것은 "만리 허공에 차갑게 비칩니다." 일체를 밝게 비추며 여여부동하고, 만법을 밝게 비추는 둥글고 밝은 달입니다. 한마디 부처님 명호는 이와 같은 경계이나, 그것은 결코 우리들에게 알려지지 않습니다. 하지만 여러분이 단지 한마디 부처님 명호를 염하기만 하면 됩니다. 여러분이 한마디 부처님 명호를 염하면 이와 같은 경계가 현현하나니, 이것야말로 한마디 부처님 명호의 진정한 뜻이자 진정한 비밀입니다. 염불이 이와 같은 경지에 이른다면 마치 둥글고 밝은 달이 만리 허공에 차가운 모양처럼 청정하고 움직임 없이 낭랑하고 밝게 비추게 됩니다.

이 게송에서는 한마디 아미타불이 불생불멸의 대열반 경계임을 밝히고 있다. 부처님께서는 오주의 혹(五住)[61]을 철저하게 다 밝히셨으며, 두 가지 죽음(二死)[62]을 영원히 멸망시키셨으며, 대열반의 경지를 증득하셨다.

지금 부처님 명호를 집지執持하여 다른 인연을 뒤섞지 않고, 집지하는 주체 이외에 부처가 없고 부처 이외에 집지의 대상이 없다면 마음과 부처가 원융하여 일체가 되고, 본유本有의 불생불멸하는 본각이체本覺理體가 온전히 현현하게 된다. 그러므로 "한마디 아미타불은 대반열반이라"라고 하신 것이다.

"둥글고 밝은 달이 만 리 허공에 차갑게 비치네"란 문구는 비유를 든 것이다. 명호를 바르게 집지할 때 마음 빛(心光)이 한마디 부처님 명호 위에 비추어 온갖 인연이 함께 고요해진다. 마치 둥글고 밝은 달이 허공에서 비추니, 만 리에 구름 한 점 없이 허공만 차갑게 비치는 것을 깨달은 것과 같다.

---

61 오주五住 : 오주지혹五住地惑의 준말. 중생을 삼계에 묶어두는 다섯 가지 번뇌. ①삼계의 견혹見惑인 견일처주지혹見一處住地惑, ②욕계의 사혹思惑인 욕애주지혹欲愛住地惑, ③색계의 사혹인 색애주지혹色愛住地惑, ④무색계의 사혹인 유애주지혹有愛住地惑, ⑤삼계의 무명인 무명주지혹無明住地惑.

62 분단생사分段生死와 변역생사變易生死를 말한다. 전자는 범부의 생사관으로 생과 사는 서로 떨어진 분단의 세계라고 본다. 후자는 성인의 생사관으로 생사가 서로 떨어진 세계가 아니고 단지 몸만 바뀌어 변화된 세계라고 보는 것이다.

제19게송

一句彌陀 開般若門 (일구미타 개반야문)

十虛萬法 一口平呑 (십허만법 일구평탄)

한마디 아미타불
반야문을 열었으니
시방허공과 일체만법을
한입에 다 삼킨다.

"한마디 아미타불, 반야문을 열었으니"라는 말씀은 『금강경』에서 설한 내용[63]으로, 한마디 아미타불은 일체 시방허공과 일체만법을 쓸어 버립니다. "한입에 다 삼킨다"는 것은 하나도 남지 않게 소탕한다는 뜻으로, 반야는 큰 횃불처럼 세간으로 나오는 것은 무엇이든 불태우고 단 한 번에 태워버립니다.[64] 유有의 관점에서 말하자면, 반야는 수미산

---

63 『금강경』「여법수지분如法受持分」 제13에서 부처님께서는 "이 경은 이름이 금강반야바라밀이니, 이러한 이름대로 너희는 마땅히 받들어 가질지니라" 라고 말씀하시며 반야문을 열어 보이신다.

64 "만약 최상의 돈종頓宗을 논한다면 바로 이 범성凡聖에 통하지 않음이니, 금강왕

과 같아 이곳을 향하는 뭇 새들을 모두 한 가지 색으로 되게 하고, 얼굴빛은 모두 한 가지로 바꾸며, 생각과 말을 모두 평등하게 하고, 그들 모두를 용해시켜 버립니다. 어디에서 용해시킬까요? 우리들 깨달음의 성품(覺性) 한복판에서, 분별없는 한복판에서 용해시킵니다.

이 게송에서는 한마디 아미타불이 능히 반야의 문을 열 수 있음을 밝히고 있다.

대세지보살께서는 "부처님을 그리워하고 부처님을 생각하면 지금 눈앞에나 가까운 미래에 반드시 부처님을 친견하나니, 방편을 빌리지 않고 스스로 마음 열림을 얻을 수 있느니라"고 말씀하신다. 마음 열림이란 곧 반야의 문을 여는 것이다. 마음 열림은 지금 눈앞이나 가까운 미래에 마음이 열림이니, 왕생극락한 후의 마음 열림과는 구별된다. 더디든 빠르든 막론하고 반드시 마음이 열린다. 마음 열림은 어떠한 모습인가? 곧 자성을 보아 시방의 허공을 품고 싸서 온 법계에 두루한 모습이다.

『능엄경楞嚴經』에서 아난존자는 부처님의 열어보이심(開示)을 받고서 자성이 온 법계에 두루함을 알아차린다. 부모가 낳아준 몸을 돌이켜 보니 마치 시방의 허공중에 하나의 티끌이 날리는 것과 같아 있는 듯 없는 듯하고, 또 큰 바다에 한 방울 물거품이 흐르는 것과 같아 일어나고 멸함이 일정치 않은 듯하다.

보검으로써 마음(情)을 남김없이 소탕하여 저 밝음으로 오나 어둠으로 오나 사방팔면四方八面에서 올 때, 맡기어 널리 저로 하여금 쉬어가고 쉬어가서 한 생각(一念)이 만 년 되게 한다." (『금강경오가해』「응화비진분應化非眞分」 제32)

"시방허공과 일체만법을 한입에 다 삼킨다"란 문구는 마음이 열리는 모습을 비유한 것으로, 시방허공 속에 만법이 현전하는 것처럼, 참마음 가운데 지극히 미미한 것이 있는데 이를 한입에 뱃속으로 삼키는 것과 같다는 것이다.

제20게송

一句彌陀 華屋門開 (일구미타 화옥문개)

從者裏入 快隨我來 (종자리입 쾌수아래)

한마디 아미타불

화옥 문이 열렸으니

따르는 자 안으로 들어오려거든

어서 빨리 나를 따라오라.

한마디 '아미타불'은 화옥(華屋: 화려한 집)이나 마찬가지이며, 화옥의 문이 열렸습니다. 이 "화옥"이라는 매우 장엄한 문이 열렸습니다.

"따르는 자 안으로 들어오려거든." 당신이 따르는 사람이면 화옥 문 안으로 들어오고 있고, 따라 들어올 것입니다. "어서 빨리 나를 따라오라." 빨리 나를 따라와야 하고, 바짝 뒤좇아 따라와야 하며, 한 걸음 한 걸음 향상向上하여야 하고, 한 걸음 한 걸음 상응相應하여야 합니다.

화옥은 본각이체本覺理體와 자성미타自性彌陀를 비유한 것이다.

문은 믿음과 발원, 지명持名염불을 비유한 것이다.

"한마디 아미타불, 화옥 문을 열었으니"란 문구와 관련하여 인광대사께서 이르시길 "정토법문의 대강大綱은 믿음·발원·염불행의 세 가지 자량에 있다. 염불수행의 요체는 육근을 모두 거두어들여 청정한 생각(淨念)이 이어지는 것(相繼)이다"라고 하셨다.

"따르는 자 안으로 들어오려거든 어서 빨리 나를 따라오라." 이 두 문구에서 선사께서는 간절한 노파심을 드러내신다. 철오 선사께서 이르시길 "일체중생은 본래 부처이다. 참마음은 본래 있지만 허망한 성품은 원래 없다(眞心本有 妄性原空). 일체의 선법善法과 성덕性德은 스스로 갖추어져 있다. 다만 오래도록 미혹되고 오염된 인연(迷染之緣)을 따라왔기 때문에 원래 없는 허망한 성품을 끊지도 못하고 본래 있는 진실한 마음을 증득하지도 못한다. 그래서 선법이 본래 갖추어져 있어도 아직 닦지도 못하고, 부처는 본래 그대로인데 아직 이루지 못하고 있다. 이제 원래 없는 허망한 성품을 끊어버리고, 본래 있는 참마음을 증득하며, 본래 갖추어진 선법을 닦아서 본래 그대로인 부처를 이루고자 청정한 깨달음의 인연(悟淨之緣)을 따라가는 자가 아주 빠르고 통쾌하며 지극히 단박에 성취하고 지극히 원만히 섭수하는 것을 구한다면 지명염불持名念佛이란 하나의 수행만한 것이 없다. …… 전체 그대로 부처인 마음(全佛之心)으로 전체 그대로 마음인 부처(全心之佛)를 염한다면 실제로 자기 마음의 과보인 부처(自心果佛)께서 완전한 위신력으로 명훈가피冥熏加被[65]를 주실 것이다. 한마디 부처님 명호

65 불보살이 자비를 베풀어 중생을 이롭게 하는 가피에는 현실에서 바로 가피를 입어 소원이 성취되는 현증가피懸證加被와 꿈을 통해 소원이 이루어질 것을 예시하

로 다른 인연을 뒤섞지 않고 십념을 완성하면 단박에 여러 겁을 뛰어넘을 것이다. 이러한 염불의 불가사의한 공덕을 믿지 않는다면 참으로 목석과 다름없고, 이러한 염불을 버리고 다른 수행을 하는 사람은 미치광이가 아니면 바보천치일 것이다"라고 하셨다.

대사의 간절한 말씀이 이와 같으니, 이를 취하여 입고서 화옥 문에 들어가려 하지 않는 자는 진실로 마음이 없는 목석과 같은 자이다.

는 몽중가피夢中加被, 그리고 언제 가피를 입었는지도 모르게 자신이 달라지는 명훈가피冥熏加被가 있다.

제21게송

一句彌陀 入王三昧 (일구미타 입왕삼매)

似地均擎 如天普蓋 (사지균경 여천보개)

한마디 아미타불
보왕삼매에 들어가니
땅처럼 고루 떠받들고
하늘처럼 두루 덮어주네.

"한마디 아미타불 보왕삼매에 들어가니"에서 "왕삼매王三昧"는 보왕삼매寶王三昧로 사事와 이理가 원융하여 일체의 공덕을 아우르는 무상삼매無上三昧를 말합니다.

"땅처럼 고루 떠받들고"라 함은, 대지는 일체를 모두 들어 올려서 일체가 모두 대지 위에 있다는 뜻입니다. 대지는 이러한 큰 위력이 있어 인류 전체를 감당할 수 있습니다. 강이나 하천이나 건물이나 인류의 모든 활동이나 모두 대지 위에 존재합니다. 만약 여러분이 보왕삼매에 든다면 부처님이 지닌 공덕 모두가 그 안에 있고, 일체 모두가 그 안에서 현현합니다. 그래서 "하늘처럼 두루 덮어주네"라고 한 것입니다. 마치 하늘이 만법을 두루 덮듯이 그것은 일체를 섭수하고 일체를 포함합니다.

"한마디 아미타불 보왕삼매에 들어가니"란 문구와 관련하여 우익 대사께서 이르시길 "염불삼매는 삼매 중의 왕으로 보왕삼매라 한다. 무릇 편원偏圓과 권실權實의 갖가지 삼매가 이 삼매로부터 유출되지 않음이 없고 이 삼매로 돌아가지 않음이 없다. 중생의 심성은 스스로 그러하여 진여·생멸의 두 가지 문을 구족하고 있다. 바로 인연을 따르지만 변하지 않으므로 진여문眞如門이라 하고, 곧 변하지 않지만 인연을 따르므로 생멸문生滅門이라 이름한다. 진여문에 의지하여 원교圓敎와 실교實敎를 설하고, 생멸문에 의지하여 편교偏敎와 권교權敎를 설한다. 진여를 여의면 생멸이 없고, 권權 그대로 실가實家의 권이므로 실實을 위해 권을 베푼다. 생멸을 여위면 진여가 없고, 실 그대로 권가權家의 실이므로 권을 열어서 실을 드러낸다. 실을 위해 권을 베푸니 장藏·통通·별別의 세 가지 권교權敎가 있다. 권을 열어서 실을 드러내니 통섭하면 오직 원교 하나뿐이다. 권교와 실교의 사교四敎는 염불삼매가 아님이 없다. 이른바 자성불(自佛)을 염하고 타방불(他佛)을 염하며 자성불과 타방불을 서로 염한다"라고 하셨다. 그러므로 '한마디 아미타불 보왕삼매에 들어가니'라고 하신 것이다.

"땅처럼 고루 떠받들고 하늘처럼 두루 덮어주네"란 두 문구에서는 염불법문의 광대함을 드러낸다. 인광 대사께서 이르시길 "정토법문은 광대하여 바깥이 없으니, 마치 하늘이 두루 덮고 땅이 고루 떠받듦과 같이 모든 근기를 빠짐없이 통섭統攝함을 깨달아야 한다. 상중하의 세 근기를 두루 가피하고 이근과 둔근을 전부 거두니, 위로는 등각等覺 보살도 그 바깥을 뛰어넘지(超出) 못하고 아래로 오역삼악(逆惡)의 범부도 역시 그 가운데 참여(預列)할 수 있다"라고 하셨다.

제22게송

一句彌陀 得大總持 (일구미타 득대총지)

轉一切物 使十二時 (전일체물 사십이시)

한마디 아미타불
대총지를 증득하니
일체 사물을 굴려서
하루 종일 부리네.

한마디 아미타불은 여러분이 대총지(大總持: 다라니)를 증득하여 일체 법을 굴리고 무량한 뜻을 수지하여, 일체가 모두 그 안에 들어 있게 합니다.

선종이나 밀종을 막론하고 그 안에 흔들림 없이 수지하여 "일체 사물을 굴립니다." '일체 사물'은 이 세상의 모든 사물 및 현상(事事物物)을 말합니다. '사물(物)'은 일체의 것, 일체의 이론, 일체의 경계, 일체 생활의 활동, 신심의 변화를 아우릅니다. 그것에는 모두 여러분을 굴리게 하는 것이 있습니다. 여러분의 지혜가 있고 여러분의 묘용이 있어 일체를 굴립니다. 그러므로 "하루 종일 부리네"라고 하신 것입니다. 하루 열두 시간 우리들 육근六根은 빛을 발하여 대지를 진동시키며 무량한 변화를 일으킵니다. 산하대지 일체 만물까지도 하루 종일 여러분에 의해 부림을 받고 사용되고 있습니다. 당신이 경계에 빼앗기지 않는다면 당신은 하루 종일 일체를 사용하고 부릴 수 있습니다.

한마디 아미타불은, 진실로 육근을 모두 거두어들여 청정한 생각이 서로 이어진다면 자연 심지心地가 밝고 맑아져 일체 번뇌의 더러움에 물들고 가리어 방해받지 않을 것이다. 두 가지에 마음을 쓰지 않아서 전체 그대로가 부처님의 생각(全是佛念)일 때 전체 마음 그대로가 부처(全心是佛)이고, 전체 부처 그대로가 마음(全佛是心)이다. 무엇하러 속세에 물든 더러운 생각을 얻겠는가? 그러므로 "대총지를 증득하니"라고 말씀하신 것이다. 총지總持는 곧 범어 다라니를 번역한 말이다.

"일체 사물을 굴려서 하루 종일 부리네"란, 육진六塵의 경계 위에 있으면서 한마디 위대한 명호를 마음에 품음으로 인해 스스로 만물 경계에 굴림을 당하지 않을 수 있다는 말이다. 만약 만물에 굴림을 당하지 않는다면 오히려 하루 종일 만물을 자유로이 부릴 수 있다. 『능엄경』에서는 "만약 능히 사물을 굴린다면 곧 여래와 같다(若能轉物即同如來)"[66]라고 말씀하신다.

---

66 『수능엄경』 제2권에 나오는 말씀이다. "일체중생이 무시이래로 자기에 미혹하여 사물이라고 하고, 본심을 잃어버리고 사물의 지배를 받아서 굴림을 당하고 있다. 그래서 이 가운데 대大를 보고 소小를 본다. 만약 능히 사물을 지배하여 굴린다면 곧 여래와 같으리라."

제23게송

一句彌陀 性本自空 (일구미타 성본자공)

星皆拱北 水盡朝東 (성개공북 수진조동)

한마디 아미타불
성품은 본래 절로 공하니
별들은 북극성을 에워싸고
강물은 다 동해로 흘러가네.

한마디 아미타불, 당신이 깨달음에 이르면 염불이 이루어져 "본래 스스로 공함을 얻게(得本自空)" 됩니다. 근본을 얻으면 자연히 공空하게 되니, 육근과 육진 세계가 모두 떨어져나가 공이 됩니다. 그러면 "별들은 북극성을 에워싸고"와 같이, 별들이 모두 북쪽을 향해 돕니다. 이 말의 의미는, 수행은 모두 공성空性으로 변화해 들어가고, 모든 집착과 번뇌는 공성으로 변화해 바뀐다는 뜻입니다.

"강물은 다 동해로 흘러가네." 강물은 모두 동해로 갑니다. 강물은 모두 동쪽을 향해 동해로 흐릅니다. 염불하고 공덕을 지으면 최후에는 모두 본래성품의 공성 가운데로 돌아간 후에 지혜 보리의 꽃망울을 다시 터뜨려서 무량한 묘용을 일으킵니다. 이 말의 의미는, 이렇게 모두를 (염불의) 방향으로 오도록 해야 하며, 뭔가 세우는 것에 집착하지 말아야 하고, 공으로 변화시켜야 한다는 뜻입니다.

이 게송은 염불법문이 모든 근기를 두루 거두어들이는 수승하고 빼어난 법문임을 찬탄하고 있다.

『능가경』에서는 "모든 성현들이 안 것을 서로 전수하는 것도 헛된 생각이어서 성품이 없다(諸聖所知 轉相傳授, 妄想無性)"라고 말씀하신다. 이조(二祖: 혜가 대사)께서는 "마음을 찾아도 가히 얻을 수 없다(覓心了不可得)"라고 말씀하시고, 『기신론』에서는 "어떤 중생이 무념無念을 관할 수 있다면 곧 불지佛智로 향하게 되는 까닭이다"라고 말씀하신다. 『화엄합론華嚴合論』에서는 "한 생각으로 연기무생을 단박에 깨친다면 저 삼승의 권학 등의 견해를 넘어선다(頓悟一念緣起無生 超彼三乘權學等見)"라고 말씀하신다.

불경과 조사의 말씀, 보살이 지은 논論은 모두 현전일념現前一念으로 허망한 성품이 본래 공함(妄性本空)을 가리킨다. '성품은 본래 절로 공하니(性本自空)'라 함은, 곧 망상은 본래 스스로 공적하다고 말하는 것일 뿐이다. 단지 중생이 오랫동안 물듦의 인연을 따라왔기에 아직 그 본래의 공을 단박에 회복할 수 없으므로, 반드시 한마디 온갖 덕을 갖춘 위대한 명호(萬德洪名)로써 점차 이를 바꾸어야 한다. 이른바 (『법화경』에서) "부처의 종자는 연기를 따른다(佛種從緣起)"라고 함이 이것이다. 내가 곧 부처(吾卽佛)인 인심因心으로 내가 곧 마음(吾卽心)인 과불果佛을 염하여 인과因果가 교철交徹하고 마음과 부처가 일여一如

한즉 생각 생각 가운데 뭇 물듦이 맑고 깨끗하게 되어 본래의 공이 원만히 드러난다. 그러므로 "한마디 아미타불, 성품은 본래 절로 공하니"라고 하신 것이다.

"별들은 북두칠성을 에워싸고 강물은 동해로 흘러간다"란 두 문구에서는 염불법문이 일체 법문의 최종 귀착점(歸宿)임을 찬탄하고 있으니, 뭇 별들이 북두칠성을 에워싸고 강물이 흘러 들어가는 곳은 동해인 것과 같다. 인광 대사께서 이르시길 "일대시교一代時教의 법문은 티끌과 모래처럼 아주 많아서 수행인이 교教에 의지하여 수지하면 구경에는 근원으로 돌아가(歸元) 마음에 즉한 자성(卽心自性)을 증득한다. 그러나 티끌과 모래같이 많은 법문 가운데서도 구체적인 수행을 벗어나지 않으면서도 심성을 완전히 나타내고(全彰心性), 상중하의 세 근기를 두루 가피하며, 이근기와 둔근기를 전부 거두며, 상상근上上根은 그 문턱을 넘을 수 없고 하하근下下根 역시 그 영역에 이를 수 있는 법문을 구한다면 정토 지명염불의 수승하고 뛰어난 법문보다 나은 것이 없다"라고 하셨다. 그런 까닭에 수많은 경전과 논서 곳곳에서 염불법문을 귀착점으로 가리켰다. 또한 우리보다 앞서 오신 성현들도 모두 극락을 향해 가셨다. 이는 "별들은 북두칠성을 에워싸고 강물은 동해로 흘러가네"라고 함과 같다.

제24게송

一句彌陀 法界緣起 (일구미타 법계연기)
淨業正因 菩提種子 (정업정인 보리종자)

한마디 아미타불
법계연기라.
정업의 정인이요
보리의 종자리네.

여기서 한 걸음 더 나아가 말한다면, 한마디 아미타불은 지극한 공에 이르러 근본을 얻는 것뿐만 아니라, 공성空性 가운데 있으면서 또한 법계의 연기와 연기의 대용大用도 얻어야 합니다. 그런 까닭에 그것을 정업淨業의 정인正因이라 말하는 것입니다. 만약 여러분의 근기가 비교적 부족하여 초심자의 근기라면 지금 바로 한마디 부처님 명호에 의지하여 정업의 정인을 기르고 인지因地를 기를 수 있으니, 이것이 보리의 종자를 뿌리는 것입니다. 다시 말하자면 여러분이 본래의 지극한 공을 얻은 후에 다시 불법을 더 발전시키고 다른 사람들에게 염불수행을 권한다면 이것이 보리의 종자를 뿌리는 것입니다. 보리의 종자를 기른 다음에 여러분은 반드시 왕생할 수 있으며, 어떤 사람은 성불을 성취할 수도 있습니다.

이 게송에서는 법계심法界心으로써 서방의 부처님을 염하는 것이 정업의 정인과 보리의 종자가 됨을 밝히고 있다.

철오 선사께서 이르시길 "원래 이 한 생각(一念)은 법계이며 인연을 따라 일어난다. 인연은 자성이 없으니 전체가 법계이다. 그러므로 공간적으로 시방세계에 가득차고 시간적으로 과거 현재 미래토록 끝이 없다. 이제 이 한 생각으로 서방극락의 부처님을 염하여 극락정토에 왕생하길 구하는 것이다. 바로 이렇게 염불할 때 서방극락의 의보와 정보가 나의 마음 가운데 있고, 나의 마음은 이미 서방극락의 의보와 정보 안에 있나니, 마치 두 개의 거울이 빛을 교환하듯이 서로 머금고 서로 비추는 것과 같다"라고 말씀하셨다. 이러한 이치를 깨닫고 염불하여 서방에 왕생함을 구함이 곧 정업의 정인이며 보리의 종자이다.

제25게송

一句彌陀 如鏡照鏡 (일구미타 여경조경)
宛轉互含 重疊交映 (완전호함 중첩교영)

한마디 아미타불
거울로 거울을 비춤과 같으니
서로 완연히 머금어서
중중첩첩 서로 비추네.

한마디 아미타불은 바로 거울로 거울을 비추는 것과 같습니다. 공으로써 공을 대하여 드러내 보이니 서로 걸림이 없습니다.

"서로 완연히 머금어서." 여러분의 염불하는 마음이 공이고, 부처님 명호가 여러분의 마음 안에 있는 것이 또한 공이며, 여러분의 각성覺性이 공이고 각성이 드러내는 마지막도 공이니, 모두 그렇게 서로 비추는 것입니다. "서로 완연히 머금어서"에서 '서로 완연히'는 매우 많은 드러남과 매우 많은 변화가 서로 머금고 서로 변화하는 것으로, 이것이 "중중첩첩 서로 비추는" 것입니다. 이것이 바로 화엄의 경계이고, 불가사의한 비춤의 경계입니다.

철오 선사께서 이르시길 "우리들의 현전하는 일념심성一念心性은 시간적으로 끝이 없고 공간적으로 가득차서 전체가 바로 법계이다. 그러나 이 심성은 중생과 부처가 평등하게 공유하여, 부처에도 치우치지 않고 중생에도 치우치지 않는다. 만약 마음이 아미타불에 속한다면 중생은 아미타불의 마음 가운데 중생이고, 만약 마음이 중생에 속한다면 아미타불은 중생의 마음 가운데 아미타불이다. 아미타불의 마음 가운데 중생이 중생 마음 가운데의 아미타불을 염하니, 어찌 중생 마음 가운데 아미타불께서 아미타불의 마음 가운데 중생에 응하지 않겠는가?"라고 말씀하셨다.

그러므로 내가 바로 염불하여 정토왕생을 구할 때 서방극락의 의보와 정보는 내 마음 가운데 있고, 내 마음은 서방극락의 의보와 정보 안에 있어, 마치 두 개의 거울이 빛을 교환하듯이 서로 머금고 서로 거두며, 겹겹이 서로를 비춘다.

제26게송

一句彌陀 似空合空 (일구미타 사공합공)

了無痕縫 卻有西東 (요무흔봉 각유서동)

한마디 아미타불
허공에 허공을 합한 듯
자취 전혀 없건마는
오히려 동방과 서방이 있네.

한마디 아미타불, 마치 허공이 허공에 합한 것처럼 분별이 없어 "자취가 전혀 없습니다." 한 점의 자국도 모두 사라지고 한 점의 틈새도 모두 사라져 마음이 곧 부처이고 부처가 곧 마음이니, 어느 곳에 피차의 틈새가 있겠습니까? 어느 곳에 염불하는 내가 있고, 어느 곳에 분별심으로 염불하는 대상인 부처가 있겠습니까? 모두 없습니다. "오히려 동방 서방이 있습니다." 서방에 있든 동방에 있든 괜찮고, 나타나는 것이 동방이든 아미타불이 서방에 있든 괜찮습니다. 또 나타나는 것이 달라도 괜찮습니다.

아미타불은 불과를 증득한 사람(果人)으로 삼신三身,[67] 사지四智,[68] 십력十力,[69] 사무소외四無所畏,[70] 십팔불공법十八不共[71] 등의 공덕을 성취하였다. 범부는 인을 짓는 사람(因人)으로 항하사 같이 많은 번뇌에 매여 있어 당연히 무량한 생사를 받는다. 만약 상相으로 논하자면 미혹과 깨침은 천양지차이나, 만약 성性으로 논하자면 구경에는 둘이 없다. 무슨 까닭인가? 심성의 미묘하기에 그 미혹함을 받지 않기 때문이다. 미혹하나 미혹하지 않는다는 말이 여기에 해당된다. 대개 중생에게 본래 있는 성품의 본체(本有性體)는 곧 제불께서 증득하신 법신이다. 그러므로 범부가 바로 염불할 때 법계심法界心으로 법신불法身佛을 염하는 것이어서, 허공에 허공을 합한 것과 같아 조금의 흔적도 없다. 다만 이를 이理와 성덕(性)으로 설하고 사事와 수덕(修)으로 설하면 다음과 같다. "이 사바세계에서 서쪽으로 십만억불토를 지나가면 세계가 있으니 그 세계를 극락이라 하느니라. 그 국토에는 부처님이 있으니 명호가 아미타불이라, 지금 현재 설법하고 계신다(從是西方 過十萬億佛

---

67 부처의 세 가지 신身으로 ① 법신法身, 보신報身, 응신應身. ② 법신法身, 응신應身, 화신化身. ③ 법신法身, 해탈신解脫身, 화신化身. ④ 자성신自性身, 수용신受用身, 변화신變化身 등으로 나눈다.

68 부처가 가지고 있는 네 가지 무루지無漏智로 대원경지大圓鏡智, 평등성지平等性智, 묘관찰지妙觀察智, 성소작지成所作智를 말한다.

69 부처가 갖추어 간직하고 있는 열 가지 힘.

70 부처님이 설법함에 있어 네 가지 두려움 없음을 말한다. 즉 정등각무외正等覺無畏, 누영진외漏永盡畏, 설장법무외說障法無畏, 설출도무외說出道無畏.

71 부처님에게만 있는 공덕으로 십력十力, 사무소외四無所畏, 삼념주三念住, 대비大悲의 열여덟 가지.

土 有世界名曰極樂 其土有佛號阿彌陀 今現在說法)."

경전(『대품반야경』)에는 "여기는 동방이고 저기는 서방이다(此東彼西)"라는 문장이 있다. 그러므로 "자취 전혀 없건마는 오히려 동방과 서방이 있네"라고 하신 것이다.

제27게송

一句彌陀 一大藏經 (일구미타 일대장경)

縱橫文彩 絶待幽靈 (종횡문채 절대유령)

한마디 아미타불
일대장경이라.
종횡으로 문채가 빛나며
절대 진리로 깊고 신령하네.

한마디 아미타불은 바로 일대장경一大藏經입니다. “종횡으로 문자광채가 빛나고”란 말은 가로로 있고 세로로 있다는 뜻입니다. 무엇을 가로라고 하고, 무엇을 세로라고 할까요? 가로는 법성法性에 깊이 들어가 부처님의 원천을 철저히 요달了達하는 것입니다. 그것이 가로입니다. 그 안에 매우 큰 학문과 매우 큰 수증修證이 펼쳐져 있습니다. 세로는 갖가지 장엄을 아우르고, 지혜와 묘용을 아우르며, 일체의 현현한 모든 것을 아우르고 있습니다. 그것이 세로입니다. 『무량수경』에서 극락세계가 어떠한 공덕이 있는지, 어떠한 경계인지를 묘사 서술하고 있는 것이 세로입니다. 그래서 일대장교는 바로 “종횡으로 문채가 빛납니다." 그 안에 무수히 많은 문자의 광채가 빛나고 있습니다. "절대 진리로 깊고 신령하네"란 것은 각성覺性을 말합니다. 그것은 절대적으로 깊고 신령하여 상대적인 성품이 없는, 바로 전체입니다.

정토염불법문은, 정토삼부경 외에도 대장경 가운데 정토법문을 곁들여 설하고 있는 경전이 그 수를 헤아릴 수 없이 많고 내포된 뜻도 풍부하다. 사상事相으로 말하자면 마치 오색이 잇달아 드러나듯 종횡으로 문채가 빛난다. 이성理性으로 말하자면 절대적인 하나의 진리(一眞絶待)로 심오하고 신령하다. 여러 경전 속에 들어 있는 염불법문을 예로 들어 그 나머지를 개괄해보면 다음과 같다.

『화엄경』「보현행원품」에 이르길 "이 사람이 임종을 맞이할 때 모든 온갖 기관은 모두 무너지고 친속들은 모두 떠나게 되고 모든 세력은 모두 잃어버려, 진귀한 보배와 복장은 다시 서로 따라오지 않아도, 오직 이 원왕願王만이 서로 버리고 떠나지 않고 어느 때라도 그 앞에서 인도하여 일찰나一刹那에 곧 극락세계에 왕생하게 되느니라"라고 설한다. 『능엄경』「대세지보살원통장」에 이르길 "만약 중생의 마음이 부처님을 그리워하고 부처님을 생각하면 지금 눈앞에나 가까운 미래에 반드시 부처님을 친견할 것이니, 방편을 빌리지 않고 스스로 마음 열림(心開)을 증득할 것이다"라고 설한다. 『법화경』「약왕보살본사품藥王菩薩本事品」에서는 "만약 어떤 여인이 이 경전을 듣고 설한 대로 수행하면 임종 때에 곧 아미타불과 대보살 성중이 위요圍繞하며 머무시는 곳인 안락세계에 왕생하여 연화 속의 보좌 위에 왕생하리라"라고 설한다. 『문수반야경文殊般若經』에서는 "마음을 한 부처님에 매어두고

(系心一佛) 명호를 오롯이 집지하여(專持名字) 생각마다 이어지면(念念相續) 곧 그대로 생각 가운데 과거와 현재의 모든 부처님을 친견하리라"라고 설한다. 『보적경寶積經』에서는 "타방의 중생들이 아미타여래의 명호를 듣고, 내지 능히 한 생각 청정한 믿음을 발하여 환희애락歡喜愛樂하고, 가진 바 선근을 회향하여 저 국토에 왕생하길 발원하면 왕생의 발원에 따라 불퇴전不退轉을 얻고 곧바로 성불에 이르니라"라고 설한다. 『관불삼매경觀佛三昧經』에서는 문수보살께서 게송으로 노래하시길 "내가 목숨이 다할 때에 모든 장애를 제거하고 아미타불을 친견하여 안락국에 왕생하길 원하나이다"라고 설한다. 『능가경』에서는 "부처님께서 대혜大慧에게 이르시길 대명덕大名德이란 비구는 그 호를 용수龍樹라 하고 보살 초지인 환희지歡喜地를 얻고 안락국에 왕생하리라"라고 설한다. 『십주왕생경十住往生經』에서는 "만약 어떤 중생이 아미타불을 염불하여 왕생을 발원하면 저 부처님은 곧 25분의 보살을 파견하여 행자를 옹호하리니, 어느 때 어느 곳이든 악귀와 악신으로 하여금 그들의 편리를 얻지 못하게 할 것이다"라고 설하는 등등 여러 경전에서 염불법문을 설하고 있다.

제28게송

一句彌陀 一大藏律 (일구미타 일대장율)
瞥爾淨心 戒波羅蜜 (별이정심 계바라밀)

한마디 아미타불
일대율장이라.
잠깐 마음 맑히면
그대로 계바라밀이네.

「교승백게강해」에는 주석이 없다.

이 게송에서는 염불법문이 청정한 마음의 묘법임을 밝히고 있다. 부처님께서는 "모든 악을 짓지 말고 온갖 선을 받들어 행하며 스스로 그 마음을 청정히 함이 모든 부처님의 가르침이니라(諸惡莫作 衆善奉行. 自淨其意. 是諸佛教)"고 말씀하셨다. 인광 대사께서는 "이는 삼세제불이 (금계禁戒의 근본으로 삼는) 약계경略戒經이다"라고 말씀하셨다. 율장律藏이 비록 많지만 귀납하면 계·정·혜 세 글자에 불과하다. 한마디 아미타불 명호로 육근을 모두 거두어들여 청정한 생각이 서로 이어지면 이것이 바로 대지계大持戒이다.

왜 그런가? 한마디 아미타불을 염불하여 잡념雜念과 염념染念이 일어나지 않으면 곧 모든 악을 짓지 않는 것이다. 한마디 아미타불 염불과 겸하여 온갖 선을 오랫동안 닦으면 곧 온갖 선을 받들어 행하는 것이다. 한마디 아미타불 염불로 잠깐 마음이 청정해지면 곧 그 마음을 청정히 하는 것이다. 잠깐(瞥爾)이란 눈 깜빡할 사이를 뜻한다. 그러므로 한마디 아미타불은 그대로 일대율장이자 그대로 계바라밀이다.

철오 선사께서 이르시길 "일체의 수행문(行門)은 마음을 맑히는 것을 요체로 한다. 마음을 맑히는 요체로는 염불만한 것이 없다. 한생각 부처님을 생각하면 한생각 부처님과 상응하고, 생각 생각마다 부처님을 생각하면 생각 생각마다 부처님과 상응한다. 맑은 구슬을 흐린 물에 넣으면 흐린 물이 맑아진다. 부처님 명호를 산란한 마음에 던지면 산란한 마음이 부처가 되지 않을 수 없나니, 이 어찌 마음을 맑히는 요체가 아니겠는가?"라고 하셨다. 계戒가 부처의 행(佛行)이 되면 성불하더라도 여전히 다시 이것에 의지한다. 지금 명호를 굳게 지니면 생각마다 곧 부처이니, 어찌 계바라밀이 아니겠는가? 범어 바라밀은 중국어로 도피안到彼岸으로 번역되는데, 지계持戒로 피안에 이름을 말한다.

제29게송

一句彌陀 一大藏論 (일구미타 일대장론)
當念心開 慧光如噴 (당념심개 혜광여분)

한마디 아미타불
일대논장이라.
염불하는 즉시 마음이 열리고
지혜광명 샘처럼 솟아나네.

「교승백게강해」에는 주석이 없다.

"한마디 아미타불, 일대논장이라"는 말은 염불법문에 삼경일론三經一論이 있음을 천명하고 있는 것이다. 천친보살天親菩薩의 『왕생론往生論』 이외에 정토법문을 언급하는 논저도 무수히 많은데, 잠시 몇 가지 논저를 들어 그 나머지를 개괄하면 다음과 같다.

『대승기신론』에서 마명보살께서는 "가장 수승한 방편으로 마음을 오롯이 하여 염불하면 곧 왕생을 얻어 마침내 물러남이 없느니라(最勝方便 專意念佛 即得往生 終無有退)"라고 말씀하셨다. 『십주비바사론』에서 용수보살께서는 "불법에는 세간의 길처럼 무량한 법문이 있다. 어려운 법문도 있고 쉬운 법문도 있는데, 염불은 행하기 쉬운 길(易行道)이다. 쉬운 행으로 빠르게 이르게 되니 마땅히 염불하여야 한다. 그 명호를 부르면 왕생하여 결정코 아뇩보리阿耨菩提를 증득하게 되느니라"라고 말씀하셨다. 천태지자天台智者 대사께서는 『십의론十疑論』에서 정토의 열 가지 의심을 잘 대답하셨다. 사명지례四明知禮 대사의 『묘종초妙宗鈔』, 담란曇鸞 법사의 『왕생론주往生論注』, 당나라 비석飛錫 법사의 『염불삼매보왕론念佛三昧寶王論』, 회감懷感 법사의 『군의론群疑論』, 고산孤山 법사의 『간정기刊正記』와 『서자초西資鈔』, 천여 노인天如老人의 『정토혹문淨土或問』, 대우 율사大佑律師의 『정토지귀집淨土指歸集』, 유계幽溪 사문의 『정토생무생론淨土生無生論』, 묘협妙葉 대사의 『보왕삼매염불직지寶王三昧念佛直指』, 우담優曇 대사의 『연종보감蓮宗寶鑑』 및 왕일휴王日休의 『용서정토문龍舒淨土文』 등의 논저들이 있다. 그러므로 "한마디 아미타불은 일대논장이라"고 하신 것이다.

"염불하는 즉시 마음이 열리고 지혜광명 샘처럼 솟아나네"란 말은 방편을 빌리지 않고 스스로 마음 열림을 증득하여 지혜가 환하게 나타남을 일컫는다. 「대세지보살염불원통장」에서 이르시길 "만약 중생의 마음이 부처님을 그리워하고 부처님을 생각하면 지금 눈앞에나 가까운 미래에 반드시 부처님을 친견하니, 방편을 빌리지 않고 스스로 마음 열림을 증득하리라"라고 하였다. 이미 마음 열림을 증득하여 본래성품의 부처님(本性佛)을 친견하니 자연이 지혜광명이 샘처럼 힘차게 솟아난다. 그러므로 "염불하는 즉시 마음이 열리고 지혜광명 샘처럼 솟아나네"라고 하신 것이다.

제30게송

一句彌陀 一藏秘密 (일구미타 일장비밀)
發本神通 具大威力 (발본신통 구대위력)

한마디 아미타불
대장경의 비밀이라.
본래신통 발하고
대위신력 갖추었다.

한마디 아미타불은 바로 대장경의 비밀입니다. 비밀(密)이란 무엇입니까? 그것은 실제로 증명해 보이는 것으로 밀종密宗에서는 실증을 매우 중요시합니다. 실제로 증명한 것을 비밀이라 부르는데, 불가사의하고 설명할 방법이 없어 비밀이라 말합니다. 설명할 수 있다면 비밀이라고 하지 않습니다. 육조 대사께서는, 비밀은 가없는 곳에 있어 만약 내가 말로 내뱉는다면 그건 더 이상 비밀이 아니라고 말씀하셨습니다.[72]

72 『육조단경』에 위와 똑같은 문장은 없고, 다만 제1 「행유품行由品」에 다음의 문장이 여기에 부합된다. "혜명惠明이 말 아래 크게 깨닫고 다시 여쭈었다. '위로부터의 비밀한 말씀과 비밀한 뜻 이외에 다시 또 비밀한 뜻이 있습니까?' 혜능이 말하기를

비밀은 스스로 증득할 때 비밀입니다. 심지어 여러분은 본래성품 가운데 있으나 부처님께서 여러분을 미루어 헤아릴 방법이 없으니, 이것을 무엇이라고 합니까? "본래신통을 발함"이라 합니다. 천안통天眼通·천이통天耳通을 말하는 것이 아닙니다. "본래신통을 발함"이 바로 비밀이고, 여러분의 각성을 개발하는 것입니다. 그것은 불가사의하고 묘사할 방법이 없으며 말할 수 없는 그것을 바로 비밀이라 하고 바로 신통이라고 부릅니다. 진정한 본래성품의 신통은 현재 이후 신체를 사용하고 세계를 사용하는 것이니, 모두 사용(用)에 있습니다. 그것은 모두 사용에 있으니 대신통이 아니겠습니까? 그러므로 "대위신력을 갖추었다"고 하신 것입니다. 모두가 그것이니, 극락세계도 그것이 나타난 것이고 우리들의 이 세계도 그것이 나타난 것입니다. 우리들이 지금 현재 힘써 염불을 하면 이것을 깨닫게 되고 이러한 비밀을 드러내게 됩니다. 그 후에 본체를 돌려 공부하고, 모두 그것을 사용하게 하며, 그것을 사용해 나타나게 하는 것을 신통이라 합니다. 밥을 먹고 잠을 잘 수 있으며, 번뇌가 그 안에 있어도 번뇌하지 않고, 중생 안에 있어도 중생의 집착이 없는 이것이 묘용의 신통이므로 "대위신력을 갖추었다"고 하신 것입니다.

한마디 온갖 덕을 갖춘 위대한 명호(萬德洪名, 곧 나무아미타불)는 전체가 범어梵語이다. 또한 여래의 비밀장秘密藏[73] 가운데 만트라(咒語)

'그대에게 말한 것은 곧 비밀이 아니다. 그대가 만일 돌이켜 비춰보면 비밀이 그대의 곁에 있을 것이다' 하였다(惠明 言下大悟 復問云 上來密語密意外 還更有密意否 能 云與汝說者 卽非密也 汝若返照 密在汝邊)."

와 동등한 신통위력을 갖추고 있다. 마치 정토종 5조 소강少康 법사께서 염불하면 입에서 화불化佛이 나왔고, 정토종 2조 선도善導 대사께서 염불하면 입에서 광명이 나오는 등과 같다.[74]

철오 선사께서 이르시길 "만약 일심불란一心不亂에 도달하고 나서도 거듭 정진하여 그만두지 않으면 장차 지혜의 눈을 뜨고 변재가 터지며 신통력을 얻고 염불삼매를 성취한다. (이때) 갖가지 신령하고 상스러운 상相들이 다 현전하게 된다. 마치 밀랍인형을 불에 가까이 대면, 얇은 곳부터 먼저 녹아 터지는 것과 같다. 다만 효과를 미리 기대하는 마음을 버리고 오직 일심불란에만 힘쓸 뿐이다"라고 하셨다.

인광 대사께서 이르시길 "무릇 신통을 얻고자 하면 먼저 득도하여야 한다. 득도하면 신통력이 저절로 갖추어진다. 만약 도에 힘쓰지 않고 단지 신통력을 구하면 신통을 얻을 수 없을 뿐만 아니라 얻어도 오히려 도에 장애가 된다"라고 하셨다. 배우는 단계의 정업淨業 수행자는 이를 알지 않으면 안 된다.

---

73 부처가 가슴 깊이 숨겨두고 좀처럼 설하지 않는 심원한 가르침을 말한다.

74 소강 법사와 선도 대사에 관해서는 제97게송 참조

제31게송

一句彌陀 渾全大藏 (일구미타 혼전대장)

戒定慧光 流出無量 (계정혜광 유출무량)

한마디 아미타불
온전히 일대장경이라.
계정혜의 광명이
한량없이 흘러나오네.

한마디 '아미타불'은 "온전히 일대장경"이니 대장경 전체이며, 모두가 그 안에 있습니다. "대장大藏"은 모든 삼장三藏을 포함하므로 대장이라 합니다. 계정혜戒定慧의 찬란한 빛은 모두 이것으로부터 흘러나오므로 "한량없이 흘러나오네"라고 하셨습니다. 그래서 여러분이 비밀을 깨달았을 때, 아미타불의 본래성품을 깨달았을 때 일체 불법은 그렇게 모두 마음에서 흘러나옵니다. 그것은 배울 수 있는 것이 아니라 모두 저절로 드러나는 것입니다.

일대장경은 책의 분량은 매우 많지만 그 설한 바를 총괄하면 오직 계정혜 세 글자에 불과하다. 『수능엄경』에서는 "마음을 거두어들임(攝心)을 계戒로 삼고, 계로 인하여 정定이 생기며, 정으로 인하여 혜慧가 발하나니, 곧 삼무루학三無漏學이라 이르니라"라고 설한다. 따라서 한마디 아미타불은 그대로 계정혜이다.

무슨 까닭인가? 만약 지극한 마음을 수지하는 가운데 잡념이 없으면 그대로 계이다. 마음을 거두어들임을 계로 삼는 까닭에 오직 한마디 부처님 명호는 달리 다른 인연이 없으면 그대로 정定이다. 산란함이 없기 때문이다. 가령 능히 청정한 생각이 서로 이어지면 오랫동안 스스로 지혜를 발하나니, 정定으로 말미암아 혜慧를 발하기 때문이다. 그러므로 "온전히 일대장경이라, 계정혜의 광명이 한량없이 흘러나오네"라고 하신 것이다.

제32게송

一句彌陀 繩本是麻 (일구미타 승본시마)

奈何不會 翻疑作蛇 (내하불회 번의작사)

한마디 아미타불
끈은 본래 삼이라.
어찌 이를 알지 못하고서
오히려 뱀이라 의심하는가.

이 게송은 유식종唯識宗의 도리를 풀이한 것으로, 삼성三性[75]의 문제를 말합니다. 사람들은 한마디 아미타불에 대해 각자 다르게 체험합니다. "끈은 본래 삼"이지만 그것을 뱀이라고 보는 사람의 경우 삼은 뱀으로 보이니, 그러한 것을 변계소집성遍計所執性이라 부릅니다. 어떤 사람은 한마디 '아미타불'을 고집하여 자기의 생각과 망상으로 추측합니다. 이를 전도망상을 일으킨다고 말합니다. 만약 한마디 아미타불로 그것의 공덕과 그것의 진실한 도리를 깨달을 수 있다면 끈은 바로

75 유식학의 삼성설三性說에 따르면 모든 법은 다른 것에 의존하는 성품(依他起性), 분별하여 집착하는 성품(偏計執性), 원만히 이루어진 성품(圓成實性)으로 나눈다.

삼입니다. 만약 끈이 삼이라는 이 말의 뜻을 안다면 바로 원성실성圓成實性이자 본래성품(本性)으로, 그 사람은 본래성품을 깨닫게 됩니다. 이것을 삼성三性·삼무성三無性이라 부릅니다.

변계무성遍計無性, 의타무성依他無性, 원성무성圓成無性은 삼성·삼무성의 도리이니, 한마디 아미타불 안에 모두 들어 있습니다. 비유를 들어 말하자면, 어떤 사람이 부처님 명호를 염할 때 재산을 구하고 신체 건강을 구하는 등 세간의 것을 추구하면서 부처님 명호를 그 대가로 지불하는데 쓴다면, 다시 말해 뱀이라 생각하고 쓴다면 끈은 바로 뱀이며, "오히려 뱀이라 의심하는 것"입니다. 어떤 사람이 한마디 아미타불을 진실로 한마디 '아미타불'로 생각하고 성실하게 염불하여 서방에 왕생하길 구하고 한마음 한뜻으로 닦는다면, 끈은 실제로 끈인 것이니, 당연히 끈이라 생각하고 사용하면 됩니다. 만약 한마디 아미타불이 바로 본래성품이고 바로 나의 본래성품임을 깨닫는다면 그것이 곧 삼이고 원성실성입니다.

원성실성무성圓成實性無性은 집착하지 않고 분별하지 않는 것입니다. 의타기성무성依他起性無性은 인연법이고, 변계무성遍計無性은 허망한 것으로 분별하여 집착을 일으키는 허망한 것입니다. 그래서 삼성三性은 바로 무성無性이라고 말합니다.

유식종에서는 끈과 뱀과 삼을 비유로 삼아 의타기성, 변계소집성, 원성실성의 관계를 분명히 밝히고 있다. 일체의 산하대지와 모든 유위법은 인연에 의지함으로 말미암아 일어나는 의타기성이다. 이는 끈에 비유한다. 범부는 연기가 반드시 공한 이치를 알지 못하여 이 모든 것을 유위有爲의 상相이라고 오인하고 헤아려서 실제로 존재한다(實有)고 생각하니, 이것이 곧 변계소집성이다. 이는 끈을 뱀으로 오인하는 것에 비유한다. 지혜로운 자는 모든 존재가 법이 연기하여 자성이 공한 이치를 명백히 깨달아서 변계소집을 벗어나니, 이것이 곧 원성실성이다. 이는 끈이 삼으로 이루어진 것을 아는 것에 비유한다. 끈은 삼을 떠나서 끈이 될 수 없다.

한마디 아미타불은 완연한 소리의 상이 있으니, 이는 의타기성에 비유한다. 범부는 알지 못하여 염불법문이 권점(權漸: 방편이자 점수의 법)의 법문이라 오인하니, 이는 마치 땅 위의 끈을 보고 뱀이라 오인하는 것과 같다. 지혜로운 자는 이 한마디 아미타불을 염하는 주체가 시각始覺이고, 염하는 대상이 본각本覺이며, 주체와 대상이 둘이 아니어서 곧 구경각임을 안다. 그 당체가 곧 원성실성이다. 이는 의타기성의 끈으로부터 변계소집을 벗어나니, 끈이 오직 삼으로 이루어진 것일 뿐임을 아는 것에 비유한다. 그러므로 철오 선사께서는 "한마디 아미타불, 끈은 본래 삼이라. 이를 어찌 알지 못하고서 오히려 뱀이라 의심하는가"라고 탄식하신 것이다.

제33게송

一句彌陀 罕聞罕睹 (일구미타 한문한도)

影現鏡林 響宣天鼓 (영현경림 향선천고)

한마디 아미타불

듣기도 보기도 드물어라.

거울 숲에 그림자 나타나고

하늘 북이 울려 퍼지네.

한마디 아미타불, 들으려 해도 들을 수 없고 보려고 해도 볼 수 없는 그것은 무엇입니까? 그것은 바로 본래성품입니다.

"거울 숲에 그림자 나타나고." 마치 그림자처럼 당신이 "아미타불, 아미타불" 염불하는 소리는 거울 숲속[76]에 하나의 그림자(영상)가 비치는 것과 같습니다. 모두가 거울에 나타나는 것과 같으니, 거울 숲에는

76 거울 숲(鏡林)은 지옥의 업경대와 같이 천인이 그들의 업을 비추어 보는 것으로 『정법염처경』 「관천품」에 사천왕의 욕애천慾愛天에 거울 숲에 대한 표현이 나온다. "그 거울 숲속에 들어가 그 몸을 비추어 보면 나무는 때가 없고 깨끗하여 마치 거울과 같으므로 스스로 그 선악 업의 모양을 본다."

이곳에 있는 것도 나타나고 저곳에 있는 것도 나타납니다. 이는 모두 각성覺性이 현현한 것입니다. 대지의 중생이 공성空性 가운데 있으며 염불하는 것은 마치 거울 숲에 그림자가 나타나는 것과 마찬가지입니다.

"하늘 북이 울려 퍼지네." 하늘은 공空을 말합니다. 그것은 본래성품을 나타내는 공입니다. 하늘 북은 자동적으로 나타나는 울림으로 그것은 사람이 칠 필요가 없습니다. 그것이 필요한 것은 울림이니, 허공의 메아리와 마찬가지입니다. 한마디 '아미타불'은 허공의 메아리처럼 작의 없이 염하면 저절로 체현됩니다.

한마디 아미타불은 오랜 겁 동안 닦을 필요가 없다. 칠일 동안 일심이 되거나 십념十念만으로도 공을 이루게 되니, 업業은 온갖 번뇌(塵勞)를 털어내고 신(神, 아뢰야식)은 안양安養으로 옮겨간다. 오탁五濁을 원만히 뛰어넘고 사토四土를 원만히 청정케 하며, 다른 생을 거치지 않고 한생에 부처되는 일생보처의 자리가 정해진다. 이처럼 지극히 간단하고 빠르며 지극한 원돈의 법문을 만약 숙세의 선근이 성숙하지 않으면 반드시 천생만겁토록 듣기도 보기도 드물 것이다. 그러므로 "한마디 아미타불 듣기도 보기도 드물어라"라고 하신 것이다.

"거울 숲에 그림자 나타나고, 하늘 북이 울려 퍼지네"란 두 구절은 비유를 든 것이다. 우익 대사께서는 "정토법문은 원교圓敎의 유문有門이다"라고 말씀하셨다. 대개 원교는 자연히 공空과 유有가 원융함을 일컫는 말이다. 곧 즉공卽空과 명유明有의 법문이다. 그러므로 비록 정토의 의보와 정보 등 갖가지 장엄의 사상事相을 설하지만, 실제로는 유심唯心

의 경계이다. 마치 그림자가 거울 숲에 나타나듯이 정토의 교법은 마치 큰 우레 소리처럼 법음이 이 국토와 타방에 멀리 퍼진다. 그러므로 "거울 숲에 그림자가 나타나고, 하늘 북이 울려 퍼지네"라고 한 것이다. 하늘 북은 곧 우레 소리이다.

제34게송

一句彌陀 無可譬喩 (일구미타 무가비유)

古鏡當臺 水銀墮地 (고경당대 수은타지)

한마디 아미타불
비유할 수가 없어라.
경대 위의 옛 거울과 같고
땅에 떨어진 수은과 같네.

한마디 아미타불은 그야말로 비유할 방법이 없으니, 마치 "경대 위의 옛 거울과 같습니다." "옛 거울"은 본래성품으로 그것은 시작도 끝도 없으며 생겨나지도 멸하지도 않습니다. "땅에 떨어진 수은"은 무엇을 비유한 것일까요? 수은은 땅 위에 떨어지면 알알이 모두 둥근 모습입니다. 한마디 아미타불 명호는 하나하나 모두 본래성품의 원만한 모습이고, 본래성품의 드러남이며. 모두 본래성품의 공덕으로 한 알도 둥글지 않은 것이 없습니다.

한마디 아미타불을 바르게 염할 때 어떤 모양이겠는가? 어떤 말로

도 그것을 비유할 수 없다. 선사께서 이르시길 "마치 경대에 옛 거울이 있어 거울 속에 모습이 나타나 완연하고 분명하나 얻지 못함과 같다(공과 유가 서로 비추는 공유쌍조空有雙照의 경계를 말한다). 또한 마치 수은이 땅에 떨어져 땅에 활발하게 움직여서 알알이 모두 둥근 것과 같다(이는 생각마다 곧 부처인 염염즉불念念卽佛의 경계를 비유한 것이다)"라고 하셨다.

제35게송

一句彌陀 老婆心苦 (일구미타 노파심고)

運萬斛舟 發千鈞弩 (운만곡주 발천균노)

한마디 아미타불

간절한 노파심이라.

만 곡의 큰 배를 운전하고

천 균의 쇠뇌를 발사하네.

한마디 아미타불은 "간절한 노파심"이라 했는데, 왜 "간절한 노파심"이라 말씀하실까요? 부처님과 조사님의 자비심 때문입니다. 마땅히 염불을 하지 않는다면 단지 중생은 미혹하여 사바세계에서 탐·진·치의 번뇌 속에 살아갈 뿐입니다. 부처님과 조사께서는 자비심에서 아미타불의 공덕이 얼마나 큰지, 서방극락이 얼마나 좋은지 여러분의 마음을 불러내어 여러분이 염불해서 서방에 왕생할 수 있도록 이끌어주십니다. 그 결과가 "만 곡[77]의 큰 배를 운전하는 것"입니다. 만약 여러분이

77 1곡斛은 5두斗이고 1균鈞은 3천 근에 해당함.

성심성의를 다해 염불할 수 있다면 아미타불의 대원력은 마치 "만곡의 큰 배를 운전하는 것"과 같아서, 한 명이 염불하면 한 명이 왕생하고 백 명이 염불하면 백 명이 왕생하니, 모두가 극락세계에 왕생할 수 있습니다. "천 균의 쇠뇌(기계활)를 발사한다"란 바로 아미타불께서는 활과 화살의 힘을 강하게 만들어 천 균의 힘을 써서 자비로 중생을 접인接引하시는 것을 말합니다. 그래서 우리들은 업을 지닌 채로 왕생하니, 이 모두가 부처님의 공덕이자 아미타불의 원력입니다. 중생으로서 염불하는 사람이면 모두 왕생할 수 있는 것은 바로 "간절한 노파심(자비심)" 때문입니다. 사바세계 중생의 고통을 보면 자력으로 해탈할 수 없지만, 아미타불께서 바로 이 수승한 방편으로 정중淨中의 경계에서 여러분을 접인하시니, 여러분은 모두 왕생하여 생사를 해탈할 수 있습니다.

한마디 아미타불을 필경 어떻게 염할 것인가?[78] 그 방법에 대해 모든 조사께서는 노파심에 간절히 충고하여 갖가지 경책警策을 개시開示한 것이 너무나 많다. 여기에 잠시 세 가지의 예를 들어보겠다.

감산憨山 대사께서 이르시길

"수행에서 제일 중요한 것은 생사심生死心이 간절해야 되나니, 생사심이 간절하지 않은데 어떻게 감히 염불성편(念佛成片: 염불이 한 덩어리가 됨)을 말하겠는가? 또한 중생이 무량겁 이래로 생각 생각마다 망상이

78 「강해」에서는 아미타 부처님의 자비심과 원력의 입장에서 해석하고 있다. 이에 반해 「모상기」에서는 이 게송이 염불하는 자세를 말씀하신 것으로 해석하고 있다.

고, 정근(情根, 애욕의 뿌리)에 단단하게 가려서 날마다 씀에 일찍이 반성한 적이 없는데, 지금 허망한 들뜬 신심信心으로 다겁의 생사를 끊으려 하는 것은, 이른바 물방울로 장작더미의 불을 끄려는 격이니, 어찌 이런 이치가 있겠는가! 만약 생사심이 간절하다면 생각마다 머리에 타는 불을 끄듯 할 것이니, 단지 한번 사람 몸을 잃으면 만겁토록 회복하기 어려움을 두려워하라. 반드시 이 한 소리 부처님 명호를 꽉 붙들고 망상이란 도적을 사라지게 하고, 일체 처에 생각 생각마다 현전하게 하고 망상이 막아서 방해하지 않도록 할 것이니, 이와 같이 간절하게 공부하여 오래 순숙純熟해지면 자연히 상응할 것이다. 이와 같으면 성편成片을 구하려 하지 않아도 절로 한 덩어리가 이루어질 것이다. 이 일은 마치 사람이 마시는 물의 차갑고 따뜻함을 스스로 아는 것과 같다. 그러니 온전히 스스로 진력하여야 한다. 만약 단지 염불만을 다한다면 당나귀 해[79]가 되어도 과보를 받는 때가 없을 것이다" 라고 하셨다.

연지蓮池 대사께서 이르시길

"망념妄念은 병이고 염불은 약이다. 오래된 병은 약효가 완만한 편제片劑로는 능히 치료할 수 없고, 쌓인 망념은 잠시의 염念으로 능히 제거 할 수 없으니 그 이치는 하나이다. 다른 망념이 흩날리는 것에 상관하지 말고 단지 염불을 정성껏 간절히 함을 귀중하게 여겨서 한자 한자 분명하고 한마디 한마디 계속해서 있는 힘을 다해 명호를 굳게 지니면 바야흐로 본분을 향해 나아갈 것이다(有趣向分). 이른바 참으로

---

79 여년驢年: 12간지에 당나귀 해는 없다. 영원히 돌아오지 않는 시간을 비유적으로 이른다. 끝내 과보를 받는 때가 없다는 뜻이다.

있는 힘을 다해 오래가면 어느 날 확연해질 것이다. 비유하면 쇠뭉치를 갈아서 바늘을 만들고 철을 제련하여 강철을 만드는 것과 같아 반드시 속이지 않을 것이다"라고 하셨다.

인광印光 대사께서 이르시길

"염불을 함에 있어 마음을 귀일歸一케 하기 어려워도 마땅히 마음을 거두어 간절히 염불하면 자연히 마음이 귀일할 것이다. 마음을 거둠에 있어서 지극한 정성과 간절함보다 더 나은 것은 없다. 마음에 지극한 정성이 없으면 마음을 거두고자 하여도 거둘 수가 없다. 그러나 지극한 정성으로 염불하는데도 아직 마음이 순일純一하지 못하다면 귀로 거두어 염불 소리를 자세히 듣도록 하라. 염불을 소리 내서 하든지 소리 내지 않고 하든지, 염불을 함에 있어서 항상 생각은 마음속에서 일어나고, 소리는 입으로부터 흘러나오며, 음성은 귀로 들어가게 하여야 한다(소리를 내지 않고 염불해도 비록 입이 움직이지 않아도 마음 바탕 가운데 그러하면 또한 입으로 염불하는 모습을 따른다). 마음속 염불과 입으로 하는 염불이 밝고 뚜렷하게 되고, 귀로 듣는 염불 또한 맑고 뚜렷하게 될 것이니, 이와 같이 마음을 거두어들이면 망념은 저절로 그치게 된다. 그런데도 혹시 망념의 파도가 용솟음친다면 곧 십념을 염불해 그 숫자를 기억하여 전심全心의 역량을 한 소리 부처님 명호에 쏟아 부으면 비록 망념을 일으키려 해도 그 힘이 미칠 겨를이 없나니, 이 마음을 거두어 염불하는 것(攝心念佛)이 구경의 묘법이다"라고 하셨다.

"만 곡의 큰 배를 운전하고, 천균의 쇠뇌를 발사한다"란 두 구절은 염불할 때는 심력心力을 전부 집중하여야 함을 비유를 통해 말씀하신 것이다. 마치 1만 곡의 큰 배를 운전하고 1천 균의 강한 쇠뇌를 발사하는 것과 같이 모름지기 전력을 기울여야 한다는 말이다.

제36게송

一句彌陀 明明是有 (일구미타 명명시유)

四辯八音 婆心苦口 (사변팔음 파심고구)

한마디 아미타불
명명백백히 있나니
사변과 팔음으로
노파심에 고구정녕 말씀하시네.

「강해」에는 주석이 없다.

정토법문은 원교圓敎의 유문有門이다. 그런 까닭에 석가모니 부처님께서는 『아미타경』에서 "여기서부터 서방으로 십만억 불토를 지나가면 세계가 있으니(有世界) 이름을 극락이라 한다. 그 국토에는 부처님이 계시니(有佛) 아미타불이라 하며, 지금 현재 법을 설하고 계신다"라고 설하신다. 이어서 저 국토의 의보와 정보 등 갖가지 장엄을 설하신 다음, 수행인에게 믿음과 발원으로 염불하여 저 국토에 왕생하길 구하라고 권하신다. 그리고 육방제불께서도 각각 그 국토에서 광장설廣長舌

을 내어 성실한 말씀(誠實語)으로 증명하시고 권하신다. 『아미타경』의 경문 전체에서는 모두 유有를 이야기하고 공空과 관련된 이야기는 전혀 없다. 그런 까닭에 철오 선사께서 "한마디 아미타불, 명명백백히 있나니"라고 하신 것이다.

"사변[80]과 팔음[81]으로 고구정녕 노파심에 말씀하신다"란, 여래께서 사변과 팔음으로 노파심에 거듭 충고해 설하시니, 어찌 믿고 따르지 않겠는가라는 말씀이다. 세존께서는 『아미타경』에서 세 차례나 중생들에게 믿음과 발원으로 저 국토에 왕생하길 구하라고 권하신다. 맨 처음에는 "그 가운데 일생보처에 오른 이들이 수없이 많다"라고 설하시고, 뒤이어 "이 말을 들은 중생은 마땅히 발원하여 저 국토에 왕생하길 원해야 한다"라고 설하신다. 두 번째는 "나는 이러한 도리를 보아서 이와 같은 말을 설한다"라고 설하시고, 뒤이어 "만약 어떤 중생이 있어 이 말을 듣는 자는 마땅히 저 국토에 왕생하길 발원하여야 한다"라고 설하신다. 세 번째로는 "이미 왕생하였거나 지금 왕생하거나 장차 왕생할 것이다"라고 설하시고, 이 문장 뒤에 "믿음으로 마땅히 저 국토에 왕생하길 발원하라"라고 설하신다.

---

80 사변四辯에 대해서는 제6게송 참조.

81 팔음八音이란 ①매우 아름다워 진리를 좋아하게 하는 음성(極好音), ②유연한 자비로 계율을 얻게 하는 음성(柔軟音), ③화평으로 잘 맞아 이치를 알게 하는 음성(和適音), ④존경한 마음으로 지혜를 얻게 하는 음성(尊慧音), ⑤외경을 일으켜 절복시키는 음성(不女音), ⑥바른 견해를 얻어 잘못을 여의게 하는 음성(不誤音), ⑦심원한 도리를 깨달아 청정한 행을 하게 하는 음성(深遠音), ⑧다함없는 상주常住의 과를 얻게 하는 음성(不竭音)이다.

제37게송

一句彌陀 的的是無 (일구미타 적적시무)

鎔他萬像 入我洪鑪 (용타만상 입아홍로)

한마디 아미타불
확실히 없나니
저 삼라만상을 녹여
내 큰 용광로에 받아들이네.

한마디 아미타불, "확실히 없나니"에서 "적적的的"은 '확실히'라는 뜻입니다. 진실로 아무것도 없습니다.

"저 삼라만상을 녹여." 여러분이 염불하여 아무것도 남아 있지 않을 때 몸과 세계는 모두 녹아서 여러분 바로 앞에 있게 됩니다. "내 큰 용광로에 받아들이네." 나에게로 녹아드는 것이니, 이는 바로 지혜의 용광로입니다. 마음 가운데 염불하면 지혜가 흘러나옵니다. 일체만법을 잡아 다 녹여서 지금 바로 앞에 있게 하여 모두 공으로 돌아가게 하니, 이것이 바로 우리들의 공부입니다.

"한마디 아미타불, 확실히 없나니"란, 현전하는 일념심성一念心性은 변하지 않지만 인연을 따르고, 인연을 따르지만 변하지 않는다. 바로 인연을 따르지만 변하지 않으므로 진여문眞如門이라 하고, 곧 변하지 않지만 인연을 따르므로 생멸문生滅門이라 한다. 단지 이 일심은 스스로 그러하여(法爾) 진여·생멸의 두 가지 문을 구족하고 있다. 그러므로 정토법문은 비록 원교의 유문일지라도 이미 원교라 칭하는 까닭에 공空과 유有에 걸림이 없으며, 유에 즉하여 공을 설하는 데도 방해되지 않는다. 이른바 유심정토唯心淨土인 것이다. 마음을 벗어나서는 한 법도 얻을 수 없는 까닭이다. 그러므로 "한마디 아미타불, 확실히 없나니"라고 한 것이다.

"저 삼라만상을 녹여 내 큰 용광로에 받아들이네"란 두 문구에서는 비유를 들어 밝힌다. '삼라만상'은 형상이 있는 온갖 사물을 가리킨다. '큰 용광로'는 자기의 마음을 비유한다. 삼라만상을 녹여 자신의 마음(自心)에 받아들인다. 한마디 명호가 비록 입에서 나와 귀에 들어가, 완연히 소리의 상相이 있어도 유심唯心이 현현한 것이므로 (소리의) 당체當體는 곧 공空인 것과 같다.

제38게송

一句彌陀 亦無亦有 (일구미타 역무역유)

夢裏山川 鏡中華柳 (몽리산천 경중화류)

한마디 아미타불

없기도 하고 있기도 하나니

꿈속의 산천이요

거울 속 꽃과 버들이네.

한마디 아미타불, 여러분의 염불이 무無에 이른 후에도 또한 무이므로 당체는 공空이며, 또한 유有이므로 유가 나타난 것이기도 하니 바로 "꿈속의 산천"입니다. 그것은 유가 나타나는 것을 방해하지 않습니다. "거울 속 꽃과 버들이네"에서 '꽃과 버들'은 모두 나타난 것입니다. 이것은 생각이 다하여 경계가 나타나는 것입니다. 첫 단계에서는 염불이 공에 이르는 것이고, 두 번째 단계에서는 염불이 유에 이르게 되면 묘유妙有가 나타납니다.

한마디 아미타불을 유有의 측면에서 말하면, 염불하는 주체인 심념心念은 어떠한 형상도 없고, 염불의 대상인 부처는 울림이 공하여 실체가 없다. 공空의 측면에서 말한다면, 염불하는 주체인 심념은 분명 명료하고, 염불의 대상인 부처는 완연히 소리의 상이 있다. 공과 유의 두 가지 변邊이 균등하여 명칭으로 말하기 어렵다. 그러므로 "한마디 아미타불, 없기도 하고 있기도 하나니"라고 한 것이다. 이는 필경 어떠한 경계인가? 비유를 들어 밝히면, 흡사 꿈속에서 산천을 보고 거울 속의 버들을 보는 것과 같다. 완연히 상이 있지만 당체는 곧 공이니, 두 가지가 함께 병존할 뿐이다.

제39게송

一句彌陀 非有非無 (일구미타 비유비무)
捺著便轉 水上壺盧 (날저편전 수상호로)

한마디 아미타불
있지도 않고 없지도 않나니
손으로 누르면 이내 구르는
물 위의 조롱박이네.

한마디 아미타불이란 염불이 "있지도 않고 없지도 않음"에 이르러야 합니다. 바로 이 "않음(非)"은 곧 부숨입니다. 없다는 집착을 부수고, 있다는 집착을 부수는 것이니, 유에 떨어질 가능성과 무에 떨어질 가능성이 있기 때문입니다. "있지도 않고 없지도 않음"은 샘물 위의 조롱박과 같아서 "손으로 누르면 이내 구릅니다." 한번 그것을 누르면 굴러서 한곳에 멈추어 끝나지 않습니다. 그것은 어떤 한 점에도 떨어지지 않고 하나의 흔적에도 떨어지지 않습니다. 그것은 이와 같이 아무것도 표시할 수도 없고 말로 표현할 법도 없는 경계입니다.

우리들의 현전하는 한 생각(一念)은 인연으로 생하지만 자성이 없다. 자성이 없지만 인연으로 생하여 생각마다 변한다.

우익 대사께서 이르시길 "무릇 염불하는 자는 이 인연으로 생하지만 자성이 없는(緣生無性) 일념으로써 저 자성이 없지만 인연으로 생하는(無性緣生) 부처님 명호를 염한다. 부처님 명호는 이미 자성이 없이 인연으로 생하지만 인연으로 생한 것 역시 자성이 없다. 이런 까닭에 한 소리를 염하면 한 소리에 부처님 명호가 현현하고 십·백·천·만 소리를 염하면 십·백·천·만 소리에 부처님 명호가 현현한다. 그래서 염불하지 않을 때에도 문득 적연寂然해진다"라고 하셨다. 그러므로 "한마디 아미타불 있지도 않고 없지도 않다"라고 하신 것이다.

"손으로 누르면 이내 구르는 물 위의 조롱박이네"란 문구에서는 비유를 들어 밝히고 있다. 염불하는 성품이 이미 인연으로 생하여 자성이 없지만 곧 자성이 없는 것이 인연으로 생함을 장애하지 않는다. 바로 염불을 할 때 문득 비춤을 잃으면 또 다른 망상이 생긴다. 혹은 바로 망상을 할 때 홀연히 깨달아 비춤(覺照)이 일어나면 다시 부처님 생각(佛念)을 회복한다. 생각마다 전환하는 모양이 마치 '손으로 누르면 이내 구르는 물 위의 조롱박'과 같다.

제40게송

一句彌陀 第一義諦 (일구미타 제일의제)
尚超百非 豈落四句 (상초백비 기락사구)

한마디 아미타불
제일의제로다.
더욱이 백비를 초월했거늘
어찌 사구에 떨어지랴.

한마디 아미타불은 제일의제第一義諦[82]이고, 위없는 대중도大中道이자 대원만大圓滿이며, 선종에서 철저히 깨달은 경계입니다. 그래서 "더욱이 백비를 초월하거늘"이라고 말한 것입니다. "백비百非"는 유가 아님(非有)·무가 아님(非無)·유가 아님이 아님(非非有)·무가 아님이 아님(非非無)·인연이 아님(非因緣)·인연이 아님이 아님(非不因緣)·자기가 아님(非自)·타인이 아님(非他) 등과 같이 일체 모두가 아님(非)이므로 백비라 합니다.

---

82 제일의제는 세간을 초월한 열반·진여·중도·실상 등의 심묘하고 절대적인 진리를 뜻함.

"어찌 사구에 떨어지랴"에서 "사구四句"란 있다는 구(有句)·없다는 구(空句)·있기도 하고 없기도 한 구(亦有亦空句)·있지도 않고 없지도 않는 구(非有非空句)로서 모두 초월적인 것입니다. 이 초월은 어떠한 경계입니까? 그것은 바로 크게 깨달은 경계, 철저히 깨달은 경계이어야 비로소 일체를 초월할 수 있다는 말입니다.

정토법문에서 한마디 아미타불은 자성이 공함(性空)에 즉卽하여 연기緣起를 밝힘이니, 비록 연기라 하더라도 자성이 공함에 걸림이 없다. 무릇 연기와 성공性空은 이미 동시에 존재하므로, 곧 상황에 따라 공도 있고 비추는 면목도 있다. 그러므로 바로 염불할 때 염불의 대상인 부처님 명호는 역력하고 분명하니 곧 묘유妙有이고, 염불하는 주체인 심념心念은 (찾아도) 가히 얻을 수 없으니 곧 진공眞空이다. 묘유와 진공이 서로 비추고(雙照) 서로 잊으니(雙泯), 곧 원융중도圓融中道 부사의제일의제不思議第一義諦이다(또한 각자의 본원심성本源心性의 다른 이름이다). 그러므로 "한마디 아미타불 제일의제로다"라고 말씀하신 것이다.

심성은 공도 유도 아니고, 즉卽도 비非도 떠났으며, 사구(四句, 논리적 사변)도 여의고 백비(百非, 온갖 시비)도 끊었다. 그러므로 "더욱이 백비를 초월했거늘 어찌 사구에 떨어지랴"라고 말씀하신 것이다. 사구四句란 있다는 구·없다는 구·있기도 하고 없기도 한 구·있지도 않고 없지도 않는 구이다. 백비百非에서 백은 다음과 같이 얻어진다. 곧 매 구마다 4구가 있어 16구가 된다. 또한 16구마다 과거·현재·미래의 삼제三際가 있어 48구가 되고, 또한 이미 일어난 일(已起)과 일어나지 않은 일(未起)로 나뉘어 96구가 되며, 다시 원래의 사구를 보태어 백구百句가 된다.

제41게송

一句彌陀 妙圓三諦 (일구미타 묘원삼제)

最清涼池 大猛火聚 (최청량지 대맹화취)

한마디 아미타불

미묘한 원융삼제이니

더없이 청량한 못이자

맹렬히 타오르는 불무더기네.

이 게송에서는 천태종의 핵심을 이야기하고 있습니다. 앞에서 이야기한 내용은 선종으로, 달마서래(達摩西來, 달마가 서쪽에서 온 까닭)의 제일의제였습니다. 한마디 아미타불은 "미묘한 원융삼제이니"에서 '미묘(妙)'란 무슨 뜻일까요? 그것은 불가사의하고 변화를 예측할 수 없다는 뜻입니다. '원융(圓)'이란 무슨 뜻일까요? 원융삼제圓融三諦, 즉 일체가 모두 원융하다는 말입니다. 일체가 모두 도道이니, 사교(邪)와 외도(外)도 도이며, 일체의 고락苦樂과 일체의 세간법도 도이므로 원융이라 합니다. 하나 가운데 셋이고, 셋 가운데 하나이므로 "미묘한 원융삼제"입니다.

"더없이 청량한 못." 그것은 더없이 청량한 못입니다. 바로 이 경계에 도달할 수 있다면 어찌 다시 번뇌가 있겠으며, 어찌 청량하지 않겠습니까? 일체의 처소와 일체의 경계가 모두 청량한 못입니다.

"맹렬히 타오르는 불무더기네." 그것은 맹렬히 타는 불무더기이니, 나오는 것은 모두 불타고 모두 녹아버립니다. 여러분이 외도外道이거나 사교이든 간에 여기에 이르면 다 녹아버리고 모두 위없는 불도가 되며 녹아버린 후 없어집니다.

일체의 마음과 대상(心境)은 자성이 공하면서 연기하고(性空緣起), 또한 연기하면서 자성이 공하다(緣起性空). 연기하면서 자성이 공한 측면에서 말하면, 곧 진제眞諦이므로 유有가 곧 유가 아니다. 자성이 공하면서 연기하는 측면에서 말하면, 곧 속제俗諦이므로 유가 아니면서 유이다. 진제와 속제[83]를 쌍으로 서로 비추니 곧 중제中諦[84]이다.

수행인이 지명염불持名念佛을 함도 또한 이와 같다. 염불의 대상인 부처는 완연히 소리의 상이 있다고 변설하면 곧 속제이니, 묘유妙有이다. 만약 염불하는 주체인 심념心念은 (찾아도) 가히 얻을 수 없다고 변설하면 곧 진제이니, 진공眞空이다. 묘유와 진공이 원융하고 서로 통하여(圓融交徹) 동시에 병존하면 곧 중제中諦이다. 다만 이 삼제三諦는 원래 일체이니 하나를 들면 곧 셋이고 셋을 들면 곧 하나이니, 불가사의하고 원융무애하므로 "한마디 아미타불 미묘한 원융삼제"라

---

83 보통 속제는 세간의 사상인 것에 비하여, 진제는 허망을 떠난 출세간의 이법을 말한다.

84 속제와 진제에 집착하지 않는 중도의 진리.

고 하신 것이다.

"더없이 청량한 못"이란, 삼제원융은 원교의 실다운 이치(實理)로서 오직 부처님만이 철저히 증득(徹證)하셨고 나머지는 모두 부분적으로 증득(分證)할 뿐이니, 더욱이 이승(二乘, 성문과 연각)이 알 바가 아닌데 하물며 외도와 범부이랴. 그러므로 '더없이 청량한 못'이라고 비유하신 것이다.

"맹렬히 타오르는 불무더기네"란, 무릇 사물이 (불길과) 접촉하면 어찌 불타지 않겠는가? 삼제의 경계를 맹렬히 타오르는 불무더기와 같음을 비유한 것이니, 일체 번뇌의 때에 마음이 접촉하면 당체當體는 다 불타서 무너진다. 예컨대 하나의 망념이 일어날 때, 만약 일어남을 관조觀照하여 이 또한 공空에 즉하고 가假에 즉하며 중中에 즉함을 분명히 안다면 망념은 즉시 정념正念으로 바뀌는 것과 같다.

제42게송

一句彌陀 得大自在 (일구미타 득대자재)
轉變聖凡 融通世界 (전변성범 융통세계)

한마디 아미타불
대자재를 얻는구나.
성인과 범부가 서로 바뀌니
융통세계라.

한마디 아미타불 "대자재를 얻는구나"에서 '대자재大自在'[85]란 어떠한 경계일까요? 아래로 지옥일 수도 있고 위로 천당일 수도 있으며, 동방일 수도 있고 서방일 수도 있고, 현재의 부처일 수도 있고 현재의 중생일 수도 있으며, 현재의 동물일 수도 있습니다. 모든 것에 걸림이 없으니 대자재의 경계입니다.

"성인과 범부가 서로 바뀌니"란, 그렇게 대자재한 까닭에 성인과 범부가 서로 바뀔 수 있어 중생도 될 수 있고 성인도 될 수 있다고

85 대자재大自在란 마음이 속박을 벗어나서 무엇인가에 얽매이지 않고 방해받지 않는 것을 뜻한다.

말합니다.[86] "융통세계라"란, 하나가 바로 일체이고 일체가 바로 하나인 것을 융통세계라 합니다. 하나의 모공毛孔 안에 무량한 불국토가 들어 있을 수 있고, 하나의 미진微塵 안에서 대법륜을 굴릴 수 있습니다. 큰 것(大有)을 작은 것 안에 둘 수 있고, 작은 것을 큰 것 안에 둘 수 있습니다. 먼 것을 가까운 곳에 나타날 수도 있고, 가까운 것이 먼 곳에 나타날 수도 있습니다. 한 생각(一念)이 바로 오랜 세월(長劫)이고 오랜 세월이 바로 한 생각이므로 융통세계라고 합니다.

"한마디 아미타불 대자재를 얻는구나"란, 우리 앞에 나타나는 한 생각의 마음(吾人現前一念之心)은 전체 진여가 망념을 이루고, 전체 망념 그대로가 진여이다. 하루 종일 변하지 않지만, 하루 종일 인연을 따른다. 깨쳐서 청정한 인연을 따르면 불법계 및 삼승(보살·연각·성문)의 법계를 이루고, 미혹하여 오염된 인연을 따르면 여섯 가지 범부의 법계를 이룬다. 한 생각이 일어날 때마다 반드시 십계 중의 하나의 법계에 떨어진다. 십계의 바깥에는 다시 다른 세계가 없기 때문이다. 그래서 청정한 인연을 깨달아 따르는 데 있어 가장 청정한 것은 바로 불법계를 염하는 것이다. 즉 아미타불을 염하여 서방왕생을 구하고, 일생에 왕생을 얻어 영원히 온갖 고苦를 여의면 다만 모든 즐거움을 누리고 또한 불퇴전을 얻어 일생에 성불한다. 그러므로 "한마디 아미타불 대자재를 얻는구나"라고 한 것이다.

"성인과 범부가 서로 바뀌니 융통세계라"란, 일체경계은 마음이 전변

---

86 부대사傅大士, 『심왕명心王銘』 참조. "마음의 본성은 공을 여의었으니, 중생도 될 수 있고 성인도 될 수 있다(心性離空 能凡能聖)."

轉變하여 비롯됨을 말한다. 우리들이 바로 염불할 때 곧 육근의 몸과 국토세계가 불법계로 전환된다. 염불을 하지 않을 때는 그 심념의 선악에 따라 다시 다른 하나의 법계로 전환된다. 은밀하게 그 마음을 따라 생각마다 전변하니, 범부의 마음과 육안으로 능히 지견知見할 수가 없다. 이 이치를 밝게 알고도 염불을 하지 않으려는 자는 결코 없을 것이다. 그러므로 '성인과 범부가 서로 바뀌니 융통세계이네'라고 한 것이다.

제43게송

一句彌陀 有功者賞 (일구미타 유공자상)

王膳盈前 髻珠在掌 (왕선영전 계주재장)

한마디 아미타불

공이 있는 자에게 상이 있나니

왕의 수라 한상 가득 차려져 있고

육계의 구슬 손바닥 안에 있네.

한마디 아미타불, "공이 있는 자에게 상이 있나니"란, 여러분의 염불이 상응함에 이르면 자연히 반드시 공덕이 있게 됩니다. 자연히 반드시 위없는 이익이 그 안에 있으니, '한상 가득 차려진 왕의 수라'와 마찬가지입니다.

우리 염불행자가 먹는 것은 일반적인 음식이 아니라 궁궐에 사는 황제가 먹는 수라입니다. '한상 가득 차려진 왕의 수라'가 우리들 앞에 차려져 있습니다. 이 말은, 한마디 부처님 명호에 위없는 공덕이 있는 것을 인간세상의 제왕이 먹는 음식과 같다고 비유한 것입니다. 부처님께서는 가장 좋은 음식을 여러분에게 먹으라고 주십니다.

또한 "육계[87]의 구슬 손바닥 안에 있네"에서 '육계의 구슬'은 정수리 위의 보배구슬을 말합니다. 정수리 위의 보배구슬이 여러분 손바닥 안에 있습니다. 이것은 가장 좋은 보배구슬입니다.[88]

이 게송에서는 염불법문이 뛰어나고 수승함을 비유하고 있다. 아미타불의 광대한 서원의 힘에 의지하여 수행인은 믿음과 발원으로 칭명염불한 힘으로 임종 때에 정토에 왕생하여 세 가지 불퇴를 원만히 증득하고 네 가지 정토(四土)를 원만히 청정하게 하며, 다른 생을 거치지 않고 반드시 부처의 후보 자리에 오른다. 이러한 수승한 공덕 이익이 있기 때문에 "한마디 아미타불, 공이 있는 자에게 상이 있나니"라고 한 것이다.

"왕의 수라 한상 가득 차려져 있고, 육계의 구슬 손바닥 안에 있네"라는 두 문구에서는 비유를 들어 밝히고 있다. 임금님 수라가 앞자리에 가득하다는 것은 수기작불授記作佛을 비유한 것이다. 『법화경』「수기품授記品」에서는 "마치 굶주리는 나라에서 온 사람이 홀연히 대왕의 수라를 받고도 마음에 오히려 의심을 품고 아직도 감히 먹지 못하다가, 다시 대왕의 가르침을 받고 나서야 음식을 먹는 것과 같다"라고 설한다. 육계의 구슬(髻珠, 머리와 육계 사이의 구슬)을 손에 쥐어준다는 것은 믿기 어려운 법인 요의경을 들었음을 비유한 것이다. 『법화경』「안락행

---

87 육계肉髻는 부처의 32상 중 하나로 정수리 부분에 혹 모양으로 솟아 있는 것을 가리킨다. 살상투라고 한다.

88 '육계 위 구슬' 이 손바닥 안에 있다는 것은 믿기 어려운 법인 요의경了義經을 들었다는 사실을 비유한 것이다.

품安樂行品」에서는 "문수사리야, 전륜성왕이 여러 병사들 중에 큰 공을 세운 이를 보고 마음이 매우 환희하여 이 믿기 어려운 구슬을 오랫동안 육계(상투)에 두고 함부로 남에게 주지 않다가 이제야 주는 것과 같다"라고 설한다. 무릇 염불법문은 닦는 시간이 짧아도 획득하는 것은 매우 깊어서 곧 이 한생에 반드시 일생보처의 자리가 확정된다. 그러므로 "왕의 수라 한상 가득 차려져 있고, 육계의 구슬 손바닥 안에 있네"라고 말씀하신 것이다.

제44게송

一句彌陀 里仁爲美 (일구미타 이인위미)
居卜來歸 枯椿非鬼 (거복래귀 고장비귀)

한마디 아미타불
어진 사람 사는 곳이 아름답네.
살 곳을 택해 돌아오니
마른나무는 귀신이 아니네.

한마디 아미타불, "어진 사람 사는 곳이 아름답네"에서 '이인里仁'은 바로 내면의 아름다움을 말합니다. 내면의 상응이 가장 중요합니다. 겉으로 드러나는 신통 경계가 어떠하든 내면의 상응이 있어야 합니다. 그래서 "어진 사람 사는 곳이 아름답네"라고 한 것입니다.

"살 곳을 택해 돌아오니." 여러분은 돌아갈 곳을 찾고 있는데, 서방극락으로 돌아가는 것이 그 무엇보다도 가장 좋습니다. 옛사람들의 경전인 『시경詩經』에는 이렇게 말합니다. "즐거운 땅, 즐거운 땅이여, 내 편히 살 곳을 얻으리라(樂土樂土 爰得我所)." 우리들은 즐거운 땅을, 돌아갈 즐거운 곳을 찾고 있습니다. 우리들은 모두 돌아갈 곳을 찾아야 하는데, 극락세계를 찾는 것이 가장 좋습니다.

"마른나무는 귀신이 아니네." 이 말은 잘못 보지 말아야 한다는 뜻입니다. 마른나무는 마른나무이지, 귀신이 아니므로 잘못 보지 말아야 합니다. 한마디 아미타불은 여러분 내면의 자성 공덕을 가리키는 것으로 여러분이 돌아갈 곳입니다. 한마디 아미타불을 귀신(미신)으로 잘못 보지 말아야 합니다.

이 게송에서는 수행인에게 염불하여 서방에 왕생하길 구하라고 권면하고 있다. 서방을 고향에 비유하고, 아미타불을 자비로운 어버이(慈親)에 비유할 수 있다. 그래서 다행하게도 다시는 여행길을 떠돌면서 돌아가려 하지 않는 일이 없다.

"이인里仁"은 『논어論語』 중 한 편의 이름이다. 이인里仁편 첫머리에 공자께서는 "어진 사람이 사는 곳이 아름답다"라고 말씀하셨는데, 이로 인해 이인里仁을 한 편의 이름으로 삼았다. 이里는 사는 곳(居)이다. 어진 사람이 사는 곳을 일러 이인이라 부른다. 어진 사람이 사는 곳이 아름답다 한 것은 어진 사람이 사는 곳이야말로 가장 아름답고 선하다는 뜻이다. 이곳은 극락세계를 비유한 것이니, 극락은 염불하여 왕생을 구하는 자에게 가장 아름답고 선한 거처이다. 일단 극락세계에 왕생하면 부처님을 친견하고 법을 들으며, 여러 뛰어난 선지식들과 한곳에 함께 모여 살므로(諸上善人 具會一處) 가장 아름답고 좋은 거처이다. 그러므로 "한마디 아미타불, 어진 사람 사는 곳 아름답네"라고 하신 것이다.

"살 곳을 선택해 돌아온다"에서 복卜이란 선택이다. 내귀來歸의 출처는 『곡량전(春秋穀梁傳)』이다. 『예기禮記』에서는 여자가 출가함을 '시집감(于歸)'이라 부른다. 부모의 집으로 돌아옴을 '시집옴(來歸)'이라 부른다. 이는 염불하는 사람이 극락세계에 왕생하여 자비로운 세존이신 아미타불을 친견하는 것이 방랑하던 여자아이가 부모님 곁으로 돌아오는 것과 같음을 비유한 것이다. 그러므로 "살 곳을 택해 돌아온다"라고 했다.

"마른나무는 귀신이 아니다"란, 삼가 눈앞에 마른나무를 세우지 않는 것은 귀신이라 오인하여 두려워 앞으로 나아가지 못할까 봐서이다. 이는 염불법문의 수승한 이익을 회의하고 불신하여 잘못된 길에서 방황하는 사람은 마른나무를 귀신이라 잘못 보아 앞으로 나아가지 못하는 것과 같음을 비유한 것이다. 기이한 말에 현혹되어 방랑하며 떠도는 자는 시급히 각성하고 염불로 왕생을 구해 극락 고향으로 돌아가야 하리라! 자비로우신 아버지인 아미타불께서는 모든 떠도는 자를 포기하시지 않으시고 고향으로 돌아오길 바라신다.

제45게송

一句彌陀 非難非易 (일구미타 비난비역)

九品蓮華 一生心力 (구품연화 일생심력)

한마디 아미타불
어렵지도 쉽지도 않네.
구품연화에 오름은
일생에 닦은 심력이라네.

한마디 '아미타불'은 어렵지도 쉽지도 않습니다. 선종의 과거 공안公案처럼 '어려운 이도 있고 쉬운 이도 있게 됨은 무엇 때문인가(有難有易麽)'[89]라는 말이 아닙니다. 단지 한마디 아미타불은 어렵지도 않고 쉽지도 않으니, 바로 구품연화九品蓮華[90]에 오르기만 하면 됩니다. 여러

---

89 고봉화상의 『선요禪要』 19, 해제시중解制示衆 참조. "이 법이 평등하여 높고 낮음이 없다고 하시니 이미 차별이 없는 것이며, 또한 고하도 없는데 예로부터 불조佛祖와 고금의 선지식과 또한 천하 큰스님들이 도에 계합도 하고 증득함에 더딘 이도 있고 빠른 이도 있으며, 어려운 이도 있고 쉬운 이도 있게 되는 것은 필경 무엇 때문인가? 이를 비유하면 모든 사람이 현재 여기에 있더라도 저마다의 다른 가업家業이 있는 것과 같다."

분이 닦은 수행이 어느 정도인가에 따라 여러분은 어떤 한 품위品位에 왕생하게 되는데, 이는 매우 자연스런 일입니다. 그러므로 "일생에 닦은 심력이라네"라고 하신 것입니다. 여러분이 일생에 무엇을 닦았던 바로 그 무엇일 뿐입니다. 이 안에는 어떠한 어려움과 쉬움도 없으니, 꾸밈없고 자연스러운 일입니다. 만약 여러분의 업장이 무거워 염불을 해도 마음이 산란하다면 하품하생을 할 것이고, 만약 염불하여 상응함을 얻고 염불하는 마음이 공空에 이르고 지혜가 탁 트이고 환하다면 상품상생을 할 것입니다. 이것이 바로 여러분의 심력입니다.

"어렵지 않다"는 것은 염불하여 정토에 왕생하길 구하기 위해서는 단지 믿음과 발원만 갖추고 있으면 된다는 뜻이다. 아미타불의 광대한 서원의 힘에 기대면 혹업惑業을 끊지 않고서 업을 지닌 채 왕생할 수 있다. 그러므로 어렵지 않다고 말씀하셨다.

"쉽지 않다"는 것은 수행인이 믿음과 발원으로 염불하여 행주좌와로 한마디 부처님 명호를 항상 마음에 품고, 설사 일심무망一心無妄에 도달할 수 없을지라도 반드시 사바세계의 일을 간파해야 하고, 오욕 경계를 놓을 수 있어야 하며, 역경을 만날 때 원한을 맺고 억울함을 품지 않아야 하고, 시시때때로 충서忠恕[91]와 자화慈和[92]의 청정심을

90 염불행자는 공덕의 깊고 옅음에 따라 상품상생에서 하품하생까지 총 9품으로 극락세계에 왕생한다. 제49게송, 제90게송 참조.

91 충직과 용서. 『논어』 이인편里仁篇에 나오는 말로 스스로 정성을 다하며 남의 사정을 헤아릴 줄 앎을 뜻한다.

92 자애와 온화. 『어제비장전御製秘藏詮』 2에 나오는 말. "자애와 온화의 비와 이슬이 흠뻑 쏟아지네(慈和雨露滂)."

보호하고 수지하여야 바야흐로 서방에 왕생하는 몫이 있다는 뜻이다. 우익 대사께서는 "무릇 일심불란一心不亂하면 비록 미혹을 아직 끊지는 못할지라도 미혹을 조복시키지는 못하겠는가! 사바세계의 일이라면 어디든지 연결되어 있어 오욕五欲을 만날 때면 아교와 옻칠처럼 떼려야 뗄 수가 없고, 역경의 인연을 만날 때면 원한을 맺고 억울함을 품게 된다. 이러고서 목숨이 다할 때 아미타불의 접인을 받고자 한다면 이는 결코 얻을 수 있는 방법이 없다"라고 말씀하셨다.[93] 그러므로 '쉽지 않다'는 것이다.

"구품연화에 오름은 일생에 닦은 심력이라"란, 저 국토의 구품연화 가운데 몸을 맡기고자 한다면 반드시 이 한생에 온힘을 다해서 생각마다 집지명호執持名號[94]하여 생각마다 왕생극락을 향하면 비로소 다다를 수 있다는 말이다. 그러므로 '구품연화에 오름은 일생에 닦은 심력이라'고 한 것이다.

---

93 『靈峰宗論』 제6권, "夫一心不亂 縱未斷惑 可不伏惑邪 倘娑婆事業 在在牽系 遇五欲時 如膠如漆 遇逆緣時 結恨懷冤 而欲命終彌陀接引 此決不可得之數也."

94 부처님 명호를 잡아 지님. 마음을 견고하게 가지고 아미타 부처님만을 칭명稱名하는 것.

제46게송

一句彌陀 就路還家 (일구미타 취로환가)
可惜癡人 棄金擔麻 (가석치인 기금담마)

한마디 아미타불
고향으로 돌아가는 길이라네.
애석하다! 어리석은 사람들
금을 버리고 삼을 메는 꼴이구나.

한마디 아미타불로 염불하면 분명히 그 공덕은 매우 수승합니다. "고향으로 돌아가는 길이라네." 여러분의 수준이 어떠하든, 근기가 어떠하든, 사람 됨됨이가 어떠하든, 생활조건이 어떠하든, 여러분은 모두 염불하여 고향으로 돌아갈 수 있습니다. 모두 염불행을 닦아서 극락세계에 이를 수 있고, 닦아서 본성에 상응할 수 있으므로 '고향으로 돌아가는 길'이라고 한 것입니다.

"애석하다! 어리석은 사람들"은 가장 가깝고 가장 쉽게 이를 수 있음에도 불구하고 오히려 염불은 필요치 않다고 생각합니다. 이것은 "금을 버리고 삼을 메고" 돌아오는 꼴입니다. 우둔한 사람은 금을 던져

버리고 삼을 짊어지고 돌아옵니다. '삼을 메고 금을 버린다(擔麻棄金)'[95]란 고사성어가 있습니다. 수많은 사람들이 자기 자신의 보배창고(寶藏)를 찾으려 나서지만, 결국 금이 필요치 않다고 여겨서 삼을 메고 집으로 돌아가는 이도 있습니다. 결국 좋지 못한 것을 얻고 가장 좋은 보장을 찾아내지 못하게 되고 맙니다. 아미타불 염불은 가장 평범한 듯 보이지만, 사실은 가장 위없는 보장임을 알아야 합니다.

정토법문은 사농공상을 가리지 않으며, 위로 지혜로운 자나 아래로 어리석은 자도 모두 닦고 배울 수 있다. 오직 한마디 온갖 덕을 갖춘 위대한 명호를 굳게 지니고 발원하여 왕생을 구하면 모두 부처님의 자비력에 의지하여 이 사바세계 오탁의 동거예토를 가로로 벗어나(橫超) 극락의 동거정토에 이른다. 이는 바로 길을 나선 이가 고향으로 돌아가는 묘법妙法으로서, 자력에 의지하여 해탈하는 것과는 그 어려움이 같지 않다. 그러므로 "한마디 아미타불, 고향으로 돌아가는 길이라네"라고 한 것이다.

인광 대사께서 이르시길 "일체 대승과 소승의 법문은 모두 자신의 계정혜戒定慧의 힘에 의지하여 생사를 벗어난다. 번뇌에 얽힌 범부(具縛凡夫)가 벗어날 수 없음은 말할 것도 없고, 이미 초과初果와 2과, 3과를 증득한 성인도 벗어날 수 없으며, 4과인 아라한이라야 비로소 벗어날 수 있으니, 이는 소승에 의거하여 말한 것이다. 만약 원교圓敎에

---

95 담마기금擔麻棄金이란 기존에 해오던 일이나 추구해온 가치관의 문제가 있거나 잘못되었다는 사실을 발견하고도 어리석음, 자존심, 기득권, 혹은 명예심 때문에 끝까지 고집하고 우기는 경우를 비유한 말이다.

의거하여 말한다면, 오품五品제자가 깨달은 바는 부처님과 더불어 한가지이나 견혹見惑은 아직 끊지 못했다. 오품 이후의 마음은 견혹을 끊고 곧 초신初信을 증득하니, 이 지위의 보살은 미혹을 끊는 것이 소승의 초과와 서로 같지만 그 공덕·지혜·신통·도력은 초과를 천만억 배나 초월한다. 육신六信에 이른 이후의 마음은 사혹思惑을 다 끊고 바로 칠신七信을 증득한다. 이 지위에서 보살은 바야흐로 생사를 벗어난다. 이와 같으니 생사를 벗어남이 어찌 쉽다고 말하겠는가! 이로써 자력에 의지하여 생사를 벗어나는 어려움이 천상에 오르는 것처럼 어렵다는 것을 알 수 있다"라고 하셨다.

"애석하다! 어리석은 사람들, 금을 버리고 삼을 메는 꼴이구나"라는 두 문구는 비유를 든 것이다. 혹 어떤 사람이 일찍이 정토종 이외의 다른 종파를 배워 아직 선입견이 남아 있다고 하자. 그를 위해 정토법문을 설해 주며, 단지 진실한 믿음과 간절한 발원으로 부처님 명호를 굳게 지니고 서방 왕생을 구하면 부처님 자비력에 의지하여 업을 지닌 채 왕생한다고 말하더라도, 그는 믿으려 하지 않고 원래 닦은 바를 포기하려 하지 않으며 자신의 계정혜의 힘에 의지하여 생사를 벗어나는 보통법문에 의지한다. 철오 선사께서는, 이런 무리는 어리석고 무지하여 금을 버리고는 취하지 않고 삼을 메고 가는 것과 다르지 않다고 매우 불쌍히 여겼다. 그러므로 "애석하다! 어리석은 사람들, 금을 버리고 삼을 메는 꼴이구나"라고 한 것이다.

제47게송

一句彌陀 橫出娑婆 (일구미타 횡출사바)

汝信不及 吾末如何 (여신불급 오말여하)

한마디 아미타불
가로로 사바세계를 벗어나네.
그대가 믿지 않는다면
나도 어찌할 수 없네.

한마디 아미타불, 삼계는 수직으로 벗어나지 못합니다. 삼계를 수직으로 벗어나기 위해서는 구차제정九次第定[96]을 닦아야 하는데, 그것은 대단히 어렵습니다. 한마디 아미타불로 염불하면 "가로로 사바세계를 벗어납니다." 단지 믿음·발원·행만 있으면 여러분은 왕생할 수 있습니다. 그래서 "그대가 믿지 않는다면 나도 어찌 할 수 없네"라고 한 것입니다. 나 또한 달리 방법이 없다는 말입니다.

---

96 아함에서 설해지는 가장 중요한 불교수행법으로 "사선정四禪定·사공정四空定, 그리고 마지막으로 멸진정滅盡定을 성취해서 제대로 진여불성眞如佛性 자리를 깨닫는다" 라고 말한다.

🪷 철오 선사께서는 노파심에 간절히 이르시길 이 염불법문은 오직 한마디 아미타 부처님 명호에 의지하여 생각마다 집지執持하면 곧 오탁세계를 가로로 벗어나 저 구품연화에 오른다고 말씀하신다. 연꽃이 피면 부처님을 친견하고 무생법인을 증득하여 다른 생을 거치지 않고 반드시 부처의 자리를 보임한다. 유감스럽게도 사람들이 도무지 믿으려 하지 않는데, 그대도 만약 믿지 않는다면 나 또한 어찌할 수 없다.

제48게송

一句彌陀 歸元捷徑 (일구미타 귀원첩경)
緊要資糧 唯信願行 (긴요자량 유신원행)

한마디 아미타불
본원으로 돌아가는 지름길이라.
요긴한 자량은
오직 믿음과 발원과 행이네.

한마디 아미타불은 본원으로 돌아가는 지름길입니다. 여기서 "원元"이란 본원本元을 말합니다. 그 뜻을 풀이하면 한마디 아미타불은 본원으로 돌아가는 지름길이라는 말입니다. 그렇다면 "요긴한 자량은" 무엇일까요? 바로 믿음·발원·행을 말합니다. 믿음·발원·행 세 가지 중 어느 한 가지라도 부족해서는 안 됩니다. 그것은 끊어짐 없이 원융해야 하고 깊이 들어가 몸소 깨달아야 하며, 겉으로만 이해해서는 안 됩니다. 염불 공부가 상응하면 믿음·발원·행은 점점 더 깊어지고, 점점 더 상응하며, 점점 더 원융해집니다.

이 게송에서는, 염불법문은 믿음·발원·행의 세 가지 법을 종요宗要로 삼음을 밝히고 있다. 염불법문은 여래의 일대시교一代時教에서 특별법문이다. 상중하 세 근기에 두루 가피를 주고 예리한 근기나 둔한 근기도 모두 거두어들여 업혹惑業을 끊지 않고도 윤회를 벗어나게 한다. 말세의 중생이 허깨비 같은 생사를 마치고 본래 있는 불성을 회복하여 본원으로 돌아가는 하나의 지름길인 것이다. 정토에 왕생하기 위한 자량은 오직 믿음·발원·행의 세 가지 법뿐이다.

우익 대사께서 이르시길 "믿음과 발원으로써 앞에서 인도하고 염불은 정행正行으로 삼는다. 믿음·발원·행의 세 가지는 염불법문의 종요宗要이다. 행은 있으나 믿음과 발원이 없으면 왕생할 수 없고, 믿음과 발원은 있으나 행이 없으면 또한 왕생할 수 없다. 믿음·발원·행의 세 가지를 구족하여 부족함이 없으면 결정코 왕생한다. 왕생하는 여부는 오직 믿음과 발원의 유무에 달려 있고 품위의 높고 낮음은 오직 지명의 깊고 얕음에 달려 있다"라고 하셨다. 이 믿음·발원·행의 세 가지 법은 다시 남에게 수고롭게 물어볼 필요가 없다.

제49게송

一句彌陀 要在信深 (일구미타 요재신심)

蓮芽九品 抽自此心 (연아구품 추자차심)

한마디 아미타불
깊은 믿음이 있어야 하나니
구품연화의 싹은
이 마음에서 돋아나네.

이 게송에서는 먼저 믿음을 말합니다. 한마디 아미타불에 대해 여러분은 믿음이 깊어야 합니다. 깊이 믿어 의심하지 않으면 자기 마음 가운데 깊고 깊은 믿음의 뿌리를 심을 수 있습니다. 나아가 이러한 믿음에 지혜도 있어야 합니다. "구품연화의 싹은 이 신심에서 돋아난다"는 말은 장래의 구품연화는 바로 이 믿음의 뿌리에서 생긴다는 말입니다.

철오 선사께서 이르시길 "불법의 큰 바다는 믿음이 있어야 들어갈 수 있는데, 특히 정토법문은 믿음이 더욱 중요하다. 지명염불은 모든 부처님들의 가장 깊은 행처行處이므로 오직 일생보처에 있는 보살만이 조금 알 수 있을 뿐, 그 외 나머지 일체 성현(삼현육성)들은 마땅히 믿고 따를 뿐이다. 그분들의 지혜로도 조금도 알 수 없으니 하물며 하열한 범부들이겠는가? 그래서 열한 개의 선법(十一善法)[97] 가운데 믿음이 먼저 나온다. 신심 앞에 다른 선법은 없다. 55위 가운데서도 믿음이 맨 처음으로 나오니, 신위信位 이전에 별도로 다른 성위聖位가 없다. 그러므로 마명馬鳴 보살께서 『기신론』을 지었고 승찬僧燦 조사도 『신심명信心銘』을 지으심은, 신심이란 하나의 법(信心一法)을 도에 들어가는 핵심법문(入道要門)으로 삼으셨기 때문이다"라고 하셨다.

철오 선사께서 또 이르시길 "이른바 깊은 믿음이란 석가모니 여래의 범음성상梵音聲相으로 설하신 가르침은 결코 남을 속이는 말이 없고, 아미타불 세존의 대자비심으로 세운 48대 서원은 결코 헛된 서원이 없음을 깊이 믿는 것이다. 염불왕생을 구하는(念佛求生) 인因을 심으면 반드시 모두 견불왕생見佛往生하는 과果를 거둠을 깊이 믿는 것이다. 이는 마치 콩 심으면 콩이 나고 팥 심으면 팥이 나는 것과 같고, 외친 소리에 반드시 메아리 소리가 화답하고 그림자가 반드시 사물의 모습을 따르는 것과 같다. 인은 헛되이 버려지지 않고 과는 제멋대로 얻어지는 것이 없다. 하물며 우리들의 현전하는 일념심성一念心性은 전체 진여 그대로 망념을 이루고 전체 망념 그대로가 진여이다. 하루 종일 변하지 않지만 하루 종일 인연을 따른다. 시간적으로 끝이 없고 공간적으로

97 천친보살天親菩薩이 짓고 현장법사가 한역한 『대승백법명문론大乘百法明門論』 가운데 나오는 11가지 선이다. 1. 믿음(信) 2. 정진精進 3. 참慚 4. 괴愧 5. 무탐無貪 6. 무진無瞋 7. 무치無癡 8. 경안輕安 9. 불방일不放逸 10. 행사行捨 11. 불해不害.

가득차서 진여 당체當體 이외에 따로 존재하는 것이 없다. 아미타불과 극락정토가 모두 그 가운데에 있다. 내가 갖추고 있는 부처님의 마음으로 나의 마음에 본래 계시는 부처님을 염하니, 어찌 나의 마음에 본래 계시는 부처님께서 내가 갖추고 있는 부처님의 마음에 감응하시지 않겠는가? 『왕생전往生傳』에 임종 시의 상서로운 모습들이 하나하나 또렷하게 전해지고 있는데, 어찌 나를 속이랴!"라고 하셨다. 그러므로 "한마디 아미타불, 믿음이 깊어야 한다"라고 하신 것이다.

"구품연화의 싹은 이 신심에서 돋아난다"란, 서방 구품의 연화는 비록 차이가 있지만 그 연꽃 받침의 싹은 모두 이 신심 가운데서 돋아난다는 말이다.

제50게송

一句彌陀 要在願切 (일구미타 요재원절)

寸心欲焚 雙目流血 (촌심욕분 쌍목유혈)

한마디 아미타불
발원이 간절해야 하나니
심장에 불을 지르듯 하고
두 눈에 피눈물 흘리듯 하라.

"한마디 아미타불, 발원이 간절해야 하나니"에서 무엇이 '간절하다'는 것일까요? 생사심生死心이 간절하다는 말입니다. "심장에 붙을 지르듯 해야 한다"는 말은 극락왕생의 인을 심는 인지因地에서 공부를 시작할 때 매우 절박하여야 하고, 사바세계를 여윌 것을 발원하여야 하며, 일심으로 극락을 구하여야 한다는 말입니다. 마치 심장에 불을 지르듯이, 두 눈에 피눈물을 흘리듯이 이렇게 절박하게 염불하여야 합니다.

철오 선사께서 이르시길 "이미 깊은 믿음을 내었다면 극락왕생의 발원이 절로 간절해져 저 극락정토의 즐거움으로 사바세계의 고통을 돌이켜 보면 싫어서 떠나려는 마음(厭離心)이 절로 깊어져서, 마치 똥구덩이를 벗어나고 감옥을 벗어남을 구하는 것과 같다. 사바세계의 고통은 저 극락정토의 즐거움을 멀리 바라보면 좋아서 가고 싶은 마음(欣樂心)이 절로 간절해져서 마치 고향으로 돌아가고 보물창고로 달려가는 것을 생각하는 것과 같다. 요컨대 마치 목마른 자가 마실 것을 생각하듯, 굶주린 자가 먹을 것을 생각하듯, 또한 병들어 고통당하는 자가 양약을 생각하듯, 길을 잃은 아이가 어머니를 생각하듯, 그리고 마치 칼을 들고 뒤쫓아 오는 원수를 피해 달아나듯, 또한 물속이나 불속에 빠져 긴급히 구해주기를 바라듯 간절히 극락왕생을 발원해야 한다. 정말로 이렇게 간절히 발원할 수 있다면 일체의 경계나 인연도 결코 우리 마음을 끌어당겨 뒤집지 못할 것이다"라고 하셨다.

"심장에 불을 지르듯 하고, 두 눈에 피눈물 흘리듯 하라"는 두 문구에서, 앞의 문구는 이 예토가 싫어서 떠나려는 마음을 형용한 것이고, 뒤의 문구는 저 정토가 좋아서 가고 싶은 간절한 마음을 형용한 것이다.

제51게송

一句彌陀 要在行專 (일구미타 요재행전)

單提一念 斬斷萬緣 (단제일념 참단만연)

한마디 아미타불
오롯이 행함이 중요하나니
한 생각을 그대로 들어서
모든 인연을 잘라버려라.

"한마디 아미타불, 오롯이 행함이 중요하다"란, 부처님 명호를 열심히 염하되 오롯이 염하고 오롯이 닦아야 한다는 말입니다. "한 생각을 그대로 들어서(單提)"[98] 끊임없이 다그치고 끊임없이 염불해야 합니다. 이를 위해 "모든 인연을 잘라버려야 합니다."

이 게송에서는 염불의 행은 오롯이 간절해야 함을 말하고 있다.

98 화두를 참구하는 방법에는 전제全提와 단제單提로 구분한다. 단제는 아무런 수단 방편을 쓰지 않고 바로 본분의 참뜻을 들어 보이는 것이고, 전제는 처음부터 끝까지 화두 이야기를 하는 것이다.

그 방법은 바로 한 생각을 그대로 들어서 모든 인연을 잘라버리는 것이다.

철오 선사께서 이르시길 "이 믿음과 발원의 마음으로 명호를 집지하면 한번 염송할 때마다 구품연화의 종자가 심어지고, 한마디 염불할 때마다 왕생의 정인正因이 심어진다. 결국 마음과 마음이 서로 이어지고 생각과 생각이 차이가 없어야 하며, 오직 오롯이 부지런히 정진하여야 하며, 잡념이 없어야 하고 그침이 없어야 한다. 오래할수록 믿음이 견고해지고 염송할수록 발원이 간절해진다. 이렇게 오래 지속하다 보면 절로 한 덩어리(片段)를 이루어 일심불란一心不亂에 들어가게 된다"라고 하셨다.

인광 대사께서 이르시길 "이미 참된 믿음이 있어 행주좌와行住坐臥, 어묵동정語默動靜, 대소편리大小便利 등을 막론하고 모두 이 6자 명호(혹은 4자 명호)를 여의지 않아 반드시 전체 마음 그대로가 부처이고, 전체 부처 그대로 마음이 되게 해야 한다. 마음과 부처가 하나가 되어 자나 깨나 잊지 않고 늘 생각하여 염念이 지극해지고 정情을 잊을 수 있으면 마음이 공해져 부처님이 나타나게 되니, 그러면 이 현생 가운데서 삼매를 몸소 증득할 수 있다. 목숨이 다할 때에는 상상품上上品에 왕생하니, 가히 수행을 지극히 잘했다고 말할 수 있다"라고 하셨다.

인광 대사께서 또 이르시길 "염불할 때는 반드시 이근耳根을 거두어 잘 듣고 한 글자 한마디를 헛되이 보내지 말라. 오래오래 지속되면 몸과 마음이 한곳에 집중(歸一)된다. 들음(聽)의 한 법은 실로 염불에 있어 가장 중요한 법이다"라고 하셨다. 또한 "육근을 모두 거두어들여 청정한 생각이 서로 이어지면, 그것은 바로 성자이든 범부이든 상중하의 모든 근기를 두루 가피하는 위없는 묘법(無上妙法)이다. 모름지기 육근을 모두 거두어들임에는 듣는 것이 중요한 요점이라는 것을 알아야 한다. 즉 마음 가운데서 묵묵히 염할 때도 들어야 하니, 왜냐하면 마음 가운데 염을 일으킬 때도 소리의 모습이 있기 때문이다. 자기의 귀로 자신의 마음 가운데 소리를 들어도 여전히 또렷하고 분명하다. 만약 한 글자, 한 마디마다 분명하게 들을 수 있다면 육근은 서로 통하여 하나로 귀결된다. 이는 다른 종류의 관법을 닦은 것과 견주어 볼 때 가장 온당하고 가장 힘이 덜 들며, 가장 이치에도 계합하고 근기에도 계합하는 것이다"라고 하셨다.

제52게송

一句彌陀 誓成片段 (일구미타 서성편단)

拌此一生 作個閑漢 (반차일생 작개한한)

한마디 아미타불
한 덩어리를 이루어야 하리니
이 한생을 내버리고
한가한 사람 될지니라.

한마디 아미타불로 염불하여 한 덩어리에 이르러야 합니다. 한 조각 한 조각 상속(相續, 서로 이어짐)하면 일심불란一心不亂에 이릅니다. 이 한생을 내던져서 한가한 사람이 되어야 합니다. 게을러서도 안 되고 세상에 탐착해서도 안 되며, 바깥을 향해 추구하지 말아야 하고, 잡된 일과 잡된 생각을 모두 내려놓아야 하며, 한마음 한뜻으로 염불해서 한가한 사람이 되어야지 세상일에 바쁜 사람이 되어서는 안 됩니다.

염불로 타성일편(打成一片, 천만 갈래의 마음을 한 덩어리에 다 모음)

을 바란다면 모르지기 간절히 공부하는 것이 필요하다.

감산憨山 대사께서 이르시길 "수행에서 제일 중요한 것은 생사심生死心이 간절해야 한다는 것이다. 생사심이 간절하지 않은데 어떻게 감히 염불로 한 덩어리를 이룬다고 말할 것인가. 만약 생사심이 간절하다면 생각마다 마치 머리에 타는 불을 끄듯 할 것이니, 단지 사람 몸을 한번 잃으면 백겁토록 다시 회복하기 어려울까 두려울 뿐이다. 이 한 소리 부처님 명호를 꽉 붙들고 있으면 반드시 망상이란 도적이 사라진다. 어느 곳에서든 생각마다 현전하여 망상이 가리어 방해하지 못하게 하라. 이와 같이 힘을 내어 간절히 공부하여 오랫동안 무르익으면 자연히 상응하리니, 그러면 일부러 타성일편을 구하지 않아도 저절로 타성일편을 이룬다"라고 하셨다.

"이 한생을 내버리고 한가한 사람 될지니라"란, 일생의 서원은 염불로 한 덩어리를 이루는 것이 일이고, 나머지 (생계를 위한) 일은 모두 가볍게 볼 것이다. 그러므로 '이 한생을 내버리고 한가한 사람 될지니라'고 말씀하신 것이다.

제53게송

一句彌陀 只恁麼念 (일구미타 지임마념)

百八輪珠 線斷重換 (백팔륜주 선단중환)

한마디 아미타불
다만 이렇게 염하되
백팔염주 돌리다가
실이 끊어지면 다시 바꾸어라.

한마디 아미타불, 다만 이렇게 염할 뿐입니다. 철오 선사께서 백팔염주를 돌리며 염불하다 실이 끊어지면 다시 바꾸어 시작하라고 하신 것은, 여러분에게 한마음 한뜻으로 염불하여 정진할 것을 권하신 것입니다.

우익 대사께서 이르시길 "염불법문은 별도로 기이하고 특별한 것이 없고 단지 깊은 믿음(深信)·간절한 발원(切願)·힘써 행함(力行)만이 필요할 뿐이다. 단지 믿음을 귀중히 여기고 안온함을 지키며 곧바로 염불하라. 혹 밤낮으로 십만 번 혹은 삼만 번, 오만 번이든 결코 부족하지 않게 정하여 기준으로 삼으라. 이 한생을 마칠 때까지 서원을 바꾸지 않았음에도 왕생하지 못한다면 삼세제불께서 바로 거짓말을 하신 것이다. …… 일심불란의 경계에 도달하려면 별도의 다른 기술이 필요하지 않다. 처음 염불을 시작할 때는 모름지기 염주를 사용하라. 분명히 기억하고 일과를 정하여 제 시간에 하면 결코 흠이 없을 것이다. 오래도록 순숙하면 염불하지 않아도 절로 염불이 된다. 그런 다음에는 염불의 수를 기억해도 좋고 그 수를 기록하지 않아도 좋다. 만약 처음에 화두에 집중하기로 하였다면 상에 집착하지 말아야 하고 원융하게 배워야 한다. 결국 믿음이 깊어지지 않으면 수행에 힘이 없다. 비록 그대가 십이분교十二分敎를 잘 강의하고 천칠백 공안을 감당할 수 있을지라도 모두 생사에 속하는 일일 뿐이어서 목숨이 마치려 할 때에는 결코 아무 쓸모가 없으니, 소중히 여기라"고 하셨다.

제54게송

一句彌陀 不急不緩 (일구미타 불급불완)

心口一如 歷歷而轉 (심구일여 역력이전)

한마디 아미타불
급하지도 더디지도 말고
입과 마음을 한결같이 하여
분명하게 굴려라.

이 게송은 염불하는 방법을 일러줍니다. 한마디 아미타불은 급하게 해서도 안 되고 너무 더뎌서도 안 되며, 마음속에 잘 간직하여야 합니다.[99] "입과 마음이 한결같다"는, 마음속으로도 이 생각이고 입안에서도 이 생각으로 한결같아야 한다는 말입니다. "분명하게 굴려라"에서 "분명하게(歷歷)"는 맑고 밝은 것을 말합니다. 염불은 명백해야 하고, 맑고 상큼해야 하며, 혼침과 산란[100]에 빠져서는 안 됩니다. 염불은

---

99 제지提持: 참선수행 중 스승이 학인을 제접하는 향상적 수단으로, 수행자가 그때까지 지닌 견해를 부정하여 바꾸어 향상의 계기를 주는 파주把住의 방법. 스승의 가르침 안에 머문다는 의미.

똑똑하고 명백하여야 하고, 면밀하고 끊어짐이 없어야 하며, 평등하고 곧게 염해야 합니다. 생각 생각마다 우리들 각성의 마음바탕 속이 끊임없이 표현되고 끊임없이 상속되어야 합니다.

인광 대사께서 이르시길 "염불할 때 반드시 이근耳根을 거두어 잘 들을지니 한 글자 한 마디를 헛되이 보내지 말라. 오래오래 지속되면 몸과 마음이 한곳에 집중된다. 들음(聽)의 이 한 법은 실로 염불에서 가장 중요한 법이다"라고 하셨다.

"입과 마음을 한결같이 분명히 굴리는" 경지에 도달하고자 한다면 들음이란 한 법을 버리고서는 도무지 도달하기가 어렵다.

---

100 참선수행 때나 염불수행 때 가장 힘든 부분이 혼침昏沈과 도거悼擧(또는 산란)이다. 혼침은 정신이 밑으로 가라앉아 어둡고 탁하며 혼미해져 사리분별을 못하는 것을 말하고, 도거는 정신이 바깥 경계에 끄달리거나 마음이 안정을 얻지 못하고 번뇌망상이 어지럽게 일어나서 동가식서가숙東家食西家宿하는 것을 말한다.

제55게송

一句彌陀 愈多愈好 (일구미타 유다유호)

如人學射 久習則巧 (여인학사 구습즉교)

한마디 아미타불

많이 염불할수록 더욱 좋아라.

마치 누군가가 활쏘기를 배울 때

오래 익히면 곧 솜씨가 좋아지듯이.

한마디 아미타불. 염불은 많이 할수록 더욱 좋습니다. "마치 누군가가 활쏘기를 배울 때"란, 활쏘기를 배우고 익히는 것처럼 "오래 익히면 더욱 솜씨가 좋아지고" 연습을 많이 하면 할수록 기술이 더욱 공교해집니다. 부처님 명호도 많이 염불하면 할수록 염불이 더 익숙해집니다. 그러면 세상사는 자연히 희미해지고 잊어버리게 됩니다.

우리들은 무시이래로 생사윤회의 한가운데 머리를 내밀었다 넣었다 하면서 다겁의 세월 동안 팔식八識의 밭에 무명습기無明習氣를 훈습熏習하여 순숙純熟함에 이르렀다. 금생에 다행히도 염불법문을 듣게 되었으나, 염불을 시작한 지 아직 시간이 짧아 팔식의 밭 가운데 정업淨業 종자와 습기가 지극히 생소하다. 따라서 이제 익숙한 것을 생소한 것으로 바꾸고(熟處轉生) 생소한 것을 익숙한 것으로 바꾸고자(生處轉熟) 한다면 반드시 많이 염불해야 하고, 많이 염불할수록 더욱 좋아진다. 마치 누군가 활쏘기를 오래 배우면 자연히 익숙해져 기교가 더욱 생기는 것과 같다.

철오 선사께서 이르시길 "우리들은 이 한마디 아미타불을 천번 만번 염불하여 하루 종일, 일 년 내내 염불하면 이 한 생각에 익숙해지지 않을 수 없다. 과연 한 생각이 순숙해진다면 목숨이 다할 때 오직 이 한 생각뿐이고 다시 다른 생각이 없다"라고 하셨다. 천태 지자대사께서 이르시길 "임종 때 선정에 든 마음이 곧 극락정토에 왕생하는 마음이다. 그렇다면 오직 이 한 생각뿐이고 다시 다른 생각이 없는 것이 선정에 든 마음이 아니겠는가? 이와 같다면 아미타불을 뵙지 못하고 다시 어떤 사람을 만날 것이며, 정토에 왕생하지 못하고 다시 어느 곳에 태어나겠는가?"라고 하셨다. 이 한 생각이 임종 때 선정에 든 마음이면 평상시에도 익숙해져 정교해지는 경지에 도달한다.

제56게송

一句彌陀 攝心密持 (일구미타 섭심밀지)

如人飮水 冷煖自知 (여인음수 냉난자지)

한마디 아미타불
마음을 거두어 면밀히 수지하라.
마치 사람이 물을 마실 때
차고 따뜻함을 스스로 알듯이.

이 게송에서는 염불하는 방법으로 한 걸음 한 걸음 깊이 들어가라고 말씀하십니다. 한마디 아미타불, "마음을 거두어 면밀히 수지하라." 면밀하게 마음 한가운데 있고 시시각각으로 눈앞에 있는 것이, 마치 "사람이 물을 마실 때 차고 따뜻함을 스스로 아는 것"과 같습니다. 그럴 때 서서히 번뇌를 벗어나고 망상과 집착이 사라지게 되어 자연히 선정(定)과 상응합니다.

인광 대사께서 이르시길 "염불을 함에 있어 마음을 한곳에 집중하기(歸一) 어려운 경우 마땅히 마음을 거두어 간절히 염불하면 절로 마음이 한곳에 집중될 것이다. 마음을 거두는 방법으로 지극정성과 간절함보다 앞서는 것은 없다. 마음에 지성심이 없으면 마음을 거두고자 하여도 이룰 수 없다. 그러나 이미 지극정성으로 염불하는 데도 아직 마음이 순일純一하지 못하다면 마땅히 이근耳根을 거두어 잘 들어야 한다. 소리를 내든지 소리를 내지 않든지 간에 모두 염불은 마음에서 일어나고, 염불소리는 입에서 흘러나오며, 그 음성은 귀로 들어가게 해야 한다. 그러면 마음과 입과 염불이 매우 분명해져 이근으로 듣는 것도 아주 분명해질 것이다. 이와 같이 마음을 거두어 염불하면 망념妄念은 절로 없어지게 된다"라고 하셨다.

"마치 사람이 물을 마실 때 차고 따뜻함을 스스로 알듯이"란 문구는, 마음을 거두어 염불하는 미묘함은 실천하는 사람 자신에겐 명료하지만 나머지 사람들은 알지 못한다는 뜻이다.

제57게송

一句彌陀 譬猶掘井 (일구미타 비유굴정)

就下近泥 價廉工省 (취하근니 가렴공성)

한마디 아미타불

우물파기와 같다네.

밑으로 진흙에 가까워질수록

비용도 싸고 일도 쉽다네.

「강해」에는 주석이 없다.

이 게송에서는 우물을 파서 물을 구하는 것을 비유로 들어 염불법문이 가장 지름길이자 원돈법문이고, 일생성불一生成佛의 가장 미묘한 법임을 밝히고 있다.

이 게송은 『법화경』「법사품法師品」에 나오는 비유이다. 수행으로 미혹을 끊고 보리의 증득을 구하는 것을 우물을 파서 물을 구함에 비유한 것이다. 처음에 마른 흙을 보고는 물이 아직 멀리 있음을 아는 것을 아직은 불도佛道와 멀리 떨어져 있음에 비유하고, 그치지 않고 파내려 가다 점차 젖은 흙을 보게 되는 것을 불도에 점차로 가까워지고 있다는 것에 비유한다. 땅을 더 파서 진흙에 이르면 바로 아래 물을 보게 되는 것은 불도를 성취함이 멀지 않았다는 것에 비유한다.

지금 한마디 아미타불은 부처에 즉한 원인의 마음(卽佛之因心)으로써 마음에 즉한 과보의 깨달음(卽心之果覺)에 계합하는 것이다. 원인은 과보의 바다(果海)를 갖추고 있고, 과보의 바다는 원인의 근원에 사무쳐 있으니 곧바른 지름길이자 단박에 원만해지는 길이며(直捷圓頓), 일생에 성불하는 묘한 법이다. 비유컨대 우물을 파서 물을 구할 때는 직접 바로 아래 가까이 진흙이 있는 곳까지 파내려 가면 비용이 적게 들고 힘도 효과적으로 사용할 수 있어 물을 곧 얻을 수 있는 것과 같다. 그러므로 "한마디 아미타불, 우물파기와 같다네. 밑으로 진흙에 가까워질수록 비용도 싸고 일도 쉽다네"라고 하신 것이다.

제58게송

一句彌陀 類如鑽火 (일구미타 유여찬화)
木煖煙生 暫停不可 (목난연생 잠정불가)

한마디 아미타불
나무를 마찰해 불을 얻음과 같네.
나무가 데워져 연기가 날 때
잠시라도 멈추면 불을 피울 수 없네.

한마디 아미타불, "나무를 마찰해 불을 얻음과 같네"란 염불삼매를 얻는 것을 불 피우기에 비유한 것입니다. 옛날에는 불을 피울 때 마땅히 "나무가 데워져서 연기가 날" 때까지 멈추지 말고 계속 노력해야 했습니다. 염불도 이렇게 할 때만이 염불로 한 소식을 얻고, 한 덩어리를 이루며 선정에 들 수 있습니다. 염불하여 크게 득력得力[101]하였을 때는 더욱 더 깊이 들어가야 합니다.

---

101 수행할 때 힘을 쓰지 않아도 저절로 공부가 되는 것을 득력得力이라 한다.

이 게송에서는 나무를 비벼서 불을 피우는 것을 비유로 삼아 염불삼매를 구하는 비결을 밝히고 있다. 무릇 나무를 비벼 불을 피우려면 나무가 데워져 연기가 오를 때까지 쉬지 않고 뚫어질 정도로 비벼야 불씨가 만들어진다는 것을 우리는 알고 있다. 이때 손을 멈추지 않아야만 불씨를 얻을 수 있다. 만약 잠시라도 멈추고 비비지 않으면 불을 피우기 어렵다. 염불삼매에 들고자 하는 경우도 또한 이와 같다.

한마디 아미타불로 이근을 거두어들여 구절구절 잘 들으며 계속 이어가는 것은, 마치 나무를 비벼서 불을 피울 때 쉬지 않고 비벼야 불을 피울 수 있는 것과 같다. 공부가 조금의 상응함에 이르는 것은 나무가 데워져 연기가 나는 것에 비유된다. 이때에 느슨하게 하지 않고 계속 마음을 거두어들여서 염불하면 염불삼매를 얻을 수 있다. 만약 마음이 분산되면 삼매를 얻기가 어렵다. 그러므로 "한마디 아미타불, 불 피우기와 같네. 나무가 데워져 연기가 날 때 잠시라도 멈추면 불을 피울 수 없네"라고 하신 것이다.

제59게송

一句彌陀 全身頂戴 (일구미타 전신정대)

人命無常 光陰不再 (인명무상 광음부재)

한마디 아미타불
온몸으로 머리에 이고 살지어다.
사람 목숨은 무상하고
세월은 다시 오지 않느니.

한마디 아미타불, "온몸으로 머리에 이고 살아야" 합니다. 이 게송에서는 몸과 마음이 모두 부처님 명호가 되어야 한다고 하십니다. "사람 목숨은 무상하고 세월은 다시 오지 않습니다." 그래서 우리들은 지금 현재를 소중히 여겨야 하고 힘써 정진하여야 합니다.

이 게송에서는 염불함에 당연히 촌음寸陰을 아껴야 함을 밝히고 있다. 인생은 고단하고 세월(光陰)은 쉽게 간다. 비록 수명이 백 살이라도 손가락 튕기는 사이에 곧 지나가는데, 하물며 백 살도 살지 못하는 인생이랴.

금생에 다행히 염불법문을 만났으니 온몸으로 머리에 이고 한마디 아미타불이 마음과 입에서 떠나지 말아야 한다.

제60게송

一句彌陀 如救頭然 (일구미타 여구두연)

盡十分力 期上品蓮 (진십분력 기상품연)

한마디 아미타불

머리에 불 끄듯 하라.

온 힘을 다해 염불하여

상품연화를 기약하라.

한마디 아미타불, "머리에 불 끄듯 하라." 머리 위에 불이 붙었다면 다급하게 불을 꺼야 합니다. 이 말은 온 힘을 다해 정진하여야 한다는 뜻입니다. "상품연화를 기약하라." 어떤 사람은 "나는 하품하생 근기이므로 하품하생하기만 해도 좋겠다. 나 같은 근기로 과연 상품상생할 수 있을까?"라고 말합니다. 이렇게 말해서는 안 됩니다. 반드시 자기가 상품상생하고 최고의 경계에 도달할 것을 희망하여야 합니다. 이것이 바로 서원입니다. 서원은 위(상품상생)를 향해 달리는 것이어야 합니다.

이 게송에서는 마땅히 염불로 정진해야 함을 밝히고 있다. 머리 위에 붙은 불을 끌 때 오직 끄지 못할까를 두려워하듯이, 염불할 때 진실로 이와 같이 마음을 쓴다면 어찌 공부를 이루지 못할까 근심하겠는가! 염불이 얕으면 곧 일심불란을 이루고, 깊으면 곧 염불삼매를 이룰 것이다. 상품의 연화에 왕생하고자 기약한다면 이에 온 힘을 다하여야 하지 않겠는가!

제61게송

一句彌陀 妙圓止觀 (일구미타 묘원지관)

寂寂惺惺 無雜無間 (적적성성 무잡무간)

한마디 아미타불
묘하고 원만한 지관이라.
고요하고 깨어 있어
뒤섞임도 틈도 없네.

한마디 아미타불은 "묘하고 원만한 지관"입니다. 한마디 부처님 명호를 올바로 염할 때 분명히 깨어 있을 수 있습니다. 올바로 분명하게 깨어 있을 때 한 생각도 일어나지 않고 분별하는 생각이 전혀 없습니다. 올바로 염하여 한 생각도 일어나지 않을 때 또한 분명히 깨어 있으니, 이것이 바로 '묘하고 원만한 지관이요, 공과 가가 둘이 아닌 경지(妙圓止觀·空假不二)'입니다. "고요하고(寂寂)"란 한 생각도 없음이고, "깨어 있어(惺惺)"란 분명히 안다는 말입니다. "뒤섞임도 틈도 없다"란 잡념도 혼란함도 없는 것이니, "틈도 없다(無間)"란 끊어짐이 없음을 말합니다.

이 게송에서는 염불이 그대로 지관止觀임을 밝히고 있다.

철오 선사께서 이르시길 "마땅히 염불할 때는 다른 생각을 해서는 안 된다. 다른 생각이 없으면 바로 지止이다. 마땅히 염불할 때는 모름지기 분명하게 깨어 있어야 한다. 분명하게 깨어 있으면 바로 관觀이다. 이처럼 한 생각 가운데 지관止觀이 구족되어 있는 것이지 지관 법문이 따로 있는 것이 아니다. 지는 선정(定)의 원인(因)이며, 선정은 지의 결과(果)이다. 또한 관은 지혜의 원인이며, 지혜는 관의 결과이다. 한 생각도 일어나지지 않으면서 분명하게 깨어 있음이 바로 고요하면서 비춤(卽寂而照)이고, 오직 분명하게 깨어 있으면서 한 생각도 일어나지 않음이 바로 비추면서 고요함(卽照而寂)이다. 이와 같이 할 수 있다면 정업淨業이 반드시 이루어지지 않음이 없고, 이처럼 이루어지면 모두 상품上品이다"라고 하셨다.

"고요하고 깨어 있어 뒤섞임도 틈도 없네"에서 고요함은 지이고 깨어 있음은 관이니, 지관을 같이 행하여 뒤섞이지도 않고 끊어짐도 없으면 염불삼매를 성취하는 것이 어렵지 않다.

제62게송

一句彌陀 險路砥平 (일구미타 험로지평)

直抵寶所 不住化城 (직저보소 부주화성)

한마디 아미타불
험한 길이 숫돌처럼 평탄해지네.
보배 장소에 곧바로 도착하니
화성에 머물지 않네.

한마디 아미타불, 여러분이 오로지 염불하기만 하면 "험한 길이 숫돌처럼 평탄"해집니다. 즉 험한 길도 모르는 사이에 숫돌처럼 평탄해집니다. 길은 이미 여러분에게 평탄하게 깔려 있습니다. 여러분이 모르는 사이 업장이 사라지고 장애가 없어지며, 무시이래 종자의 훈습작용이 소멸되고, 모르는 사이에 이미 보리(깨달음)의 길은 숫돌처럼 평탄해집니다. 그러므로 그것은 "보배가 있는 장소에 곧바로 도착"하는 것입니다. 먼저 아라한을 거치지 않고 화성化城을 거치는 것도 아니니, 그것은 직접 보배 장소(寶所)에 다다르기 때문입니다.

『대집경大集經』에 "말법시대에 수억의 사람이 자력으로 수행하고자 하나 한 사람도 도를 얻는 자가 드물 것이요, 오직 염불에 의지하여서만 생사고해를 건너갈 수 있다"라고 말씀하였다. 삼계三界는 생사의 험한 길이어서 가장 벗어나기 어렵다. 오직 믿음과 발원으로 명호를 지니어 서방에 왕생하기를 구해야만 업을 지닌 채 왕생할 수 있다. 또 네 가지 염불이 있으니 이른바 관상觀想염불·관상觀像염불·지명持名염불·실상實相염불이 그것이다. 그 중에서 오직 지명염불만이 모든 근기를 가장 두루 거두어들이며, 간단하고 직접 질러가므로 성취가 가장 빠르다.

인광 대사께서 말씀하시기를 "시작하기는 쉬우면서 높은 성공을 거둘 수 있고, 적게 힘을 쓰면서도 빠른 효과를 얻을 수 있으며, 말법에 오탁을 바로 벗어나는 데 최고로 이익이 되는 것으로는 정토의 지명염불보다 수승하고 뛰어난 것은 없다"라고 하셨다. 그러므로 "한마디 아미타불, 험한 길이 숫돌처럼 평탄해지네"라고 말씀하신 것이다. 여기에서 지砥는 숫돌이다. 이는 설사 험한 길을 가더라도 숫돌처럼 평탄해짐을 말한다.

"보배 장소에 곧바로 도착하니 화성에 머물지 않네"란 이 두 문구의 비유는 『법화경』「화성유품化城喩品」에 나온다. 보배 장소(寶所)는 오백 유순을 지난 부처님의 구경열반을 비유한 것이다. 경에서는 "보배 장소는 가까이 있고 화성은 실재가 아니다"라고 설한다. 화성은 삼백 유순을 지난 소승의 열반을 비유한 것이다. 또한 경에서는 "인도자는 여러 방편이 많아 험한 길 가운데 삼백 유순을 지나 성 하나를 변화로 지었다"라고 설한다. 정토법문은 대승 원교의 유문有門으로서 수행인이 염불하여 서방에 왕생하면 삼불퇴三不退를 원만히 증득하고 반드시 일생에 성불한다. 그러므로 "보배 장소에 곧바로 도착하니 화성에 머물지 않는다"라고 하신 것이다.

제63게송

一句彌陀 如水清珠 (일구미타 여수청주)
紛紜雜念 不斷自無 (분운잡념 불단자무)

한마디 아미타불
물 맑히는 구슬과 같네.
어지러이 일어나는 잡념들
끊지 않아도 저절로 없어진다네.

한마디 아미타불, 우리들은 습관적으로 "물 맑히는 구슬과 같다"고 말하는데, 그것은 곧 명반(백반)으로 서서히 가라앉으면서 흐린 물이 확 바뀌어 맑아집니다. "어지러이 일어나는 잡념들, 끊지 않아도 저절로 없어진다네." 여러분이 잡념을 끊으려 하지 않아도 그것은 저절로 없어집니다. 그래서 망상을 끊지 않는다(不斷妄想)고 말합니다. 단지 여러분이 한마디 부처님 명호만 부르면 망상은 자연히 텅 비게 될 것입니다.

한마디 아미타불을 오직 지극한 정성과 간절함으로 마음을 거두어 염불하여 오래도록 지속하면 망념은 자연히 잠잠해진다. 처음에는 마치 솟구치는 망념의 파도 같지만 점차로 망념이 잦아지고, 오래도록 끊어지지 않고 염불하면 망념이 절로 없어진다. 비유하면 흐린 물을 맑게 하는 구슬과 같다. 흐린 물 가운데 구슬을 던지면 구슬은 곧 가라앉는다. 구슬이 가라앉은 곳을 따라 흐린 물도 곧 가라앉는데, 만약 바닥까지 가라앉으면 흐린 물이 모두 맑아진다. 철오 선사께서는 "흐린 물에 맑은 구슬을 던지면 흐린 물은 맑아지지 않을 수 없고, 부처님 명호를 산란한 마음에 던지면 산란한 마음은 부처가 되지 않을 수 없다"라고 말씀하셨다. 그러므로 "한마디 아미타불 물 맑히는 구슬과 같네. 어지러이 일어나는 잡념들, 끊지 않아도 저절로 없어진다네"라고 하신 것이다.

제64게송

一句彌陀 頓入此門 (일구미타 돈입차문)

金翅擘海 直取龍呑 (금시벽해 직취용탄)

한마디 아미타불

이 문에 단박에 들어가네.

금시조가 바다를 갈라서

곧바로 용을 집어삼키듯.

한마디 아미타불, "이 문에 단박에 들어가네." 단박에 들어가는 문은 무슨 문일까요? 보리문이자 지혜문이며, 우리들 본래성품의 문입니다. "금시조가 바다를 갈라서." 마치 금시조와 같이 그것은 큰 바다를 가릅니다. "곧바로 용을 집어삼키듯." 그리고 용궁 안에 이르러 용을 삼켜버립니다. 금시조는 오르지 용만 먹는데, 그의 음식물이 바로 용입니다.

한마디 아미타불은 단박에 불이不二 실상實相의 문을 제관(諦觀: 사물의 본체를 꿰뚫어봄)하여 들어간다.

우익 대사께서 이르시길 "지니는 대상인 부처님 명호는 이해하든 이해하지 못하든 관계없이 일경삼제一境三諦가 아님이 없다. 지니는 주체인 염念은 도달하든 도달하지 못하든 관계없이 일심삼관一心三觀이 아님이 없다"라고 하셨다. 일심삼관이란, 올바로 명호를 부를 때 부르는 주체의 마음이 안팎도 아니고 형상도 없음을 깨달으니 곧 공관空觀이다. 비록 안팎도 아니고 형상도 없지만 이 염불하는 주체인 마음은 역력하고 분명하니 곧 가관假觀이다. 이 염불하는 주체는 가假를 떠나지 않아도 공空이 있고, 또한 공空을 떠나지 않아도 가假가 있어 서로 막고 서로 비추니 곧 중관中觀이다. 일경삼제一境三諦란, 부르는 부처님 명호와 목소리는 텅 빈 골짜기 가운데 메아리와 같고 물 가운데 달과 같아 마침내 얻을 수 없으니 곧 진제眞諦이다. 비록 마침내 얻을 수 없을지라도 부처님 명호와 목소리는 완연하게 입에 있고 분명하게 귀에 있으니 곧 속제俗諦이다. 그래서 이 염하는 대상은 또한 속제를 떠나지 않아도 진제가 있고, 또한 진제를 떠나지 않아도 속제가 있어 함께 존재하고 함께 사라지니 곧 중제中諦이다. 그러므로 "한마디 아미타불, 이 문에 단박에 들어가네"라고 하신 것이다.

"금시조가 바다를 갈라서 곧바로 용을 집어삼키네"라는 문구는 비유를 들어 밝힌 것이다. 금시金翅는 곧 대붕금시조大鵬金翅鳥이다. 경전에 실린 내용에 따르면 이 새는 과보로 얻은 신통으로 대신력大神力을 가지고 있다. 양 날개는 능히 바닷물을 가를 수 있고, 바로 용을 잡아 삼켜버린다. 새는 한마디 아미타불을 비유하고, 바다는 세간만상은 그 광대하기가 바다와 같음을 비유하고, 용은 진여실상을 비유한다. 한마디 아미타불은 공과 유의 이변二邊을 서로 비추고 서로 막아서 곧 세간만상을 투과할 수 있고, 중도실상의 미묘한 이치를 원만히 드러낸다. 이는 마치 금시조가 바닷물을 갈라서 바로 용을 삼켜버리는 것과 같다.

제65게송

一句彌陀 塵緣自斷 (일구미타 진연자단)

獅子遊行 驚散野干 (사자유행 경산야간)

한마디 아미타불
티끌 인연 저절로 끊어지네.
사자가 돌아다니면
야간 떼가 놀라 흩어지듯.

한마디 '아미타불'을 오로지 염불하고 염불하면 속세의 인연은 저절로 끊어집니다. 그것은 마치 사자가 돌아다니면 "야간 떼가 놀라 흩어지는" 것과 같습니다. 야간野幹[102]은 사자와 유사하나 사자는 아닙니다. 이 품종은 사자와 비교하면 차이가 아주 큰 동물로 겉모습만 약간 닮았습니다.

이 게송에서는 염불의 위력을 밝히고 있다. 한마디 아미타불은,

---

102 이리나 여우와 비슷한 동물로, 털빛은 청황색으로 개와 비슷하고 떼를 지어 다니며 밤에 우는 소리가 이리와 같다. 체형은 이리나 여우보다 좀 작다.

부처 전체인 마음(全佛之心)으로 마음 전체인 부처(全心之佛)를 염한다면, 실제로 자기 마음의 과보 부처님(自心果佛)께서 완전한 공덕과 위신력으로 명훈가피冥熏加被를 주실 것이다. 한마디 부처님 명호에 다른 인연이 뒤섞이지 않는다면 속세의 인연이 저절로 끊어질 것이다.

"사자가 돌아다니면, 야간 떼가 놀라 흩어지네." 이 두 문구는 비유를 든 것이다. "사자가 돌아다니면"이란, 한마디 아미타불 위력이 가없어 사자가 시위하며 돌아다니는 것에 비유하였다. "야간 떼가 놀라 흩어지듯"이란, 번뇌라는 야간이 몰래 흔적도 없이 도망치는 것을 비유한 것이다.

제66게송

一句彌陀 驀直念過 (일구미타 맥직념과)

一踏到底 香象渡河 (일답도저 향상도하)

한마디 아미타불

곧장 바로 염불하라.

한걸음에 바닥을 디디며

강을 건너가는 코끼리처럼.

한마디 아미타불, 그대가 곧장 바로 염불하고 오로지 염불하여 한걸음에 바닥을 디디기만 한다면, 마치 강을 건너가는 코끼리와 마찬가지로 바닥에까지 이를 수 있습니다. 강을 건너가는 데에는 세 가지가 있습니다. 첫째로 토끼는 수면 위로 헤엄쳐 건너가고, 둘째로 양은 발이 반밖에 닿지 않고 떠서 건너갑니다. 셋째 코끼리는 강을 건널 때 직접 물속 바닥을 디디고 곧장 건너갑니다.[103] 여기서 '바닥'이란

103 삼수도하三獸渡河의 비유로 『열반경』 「덕왕품」 21의 19 및 「사자후품」 25의 20에 나온다. '세 짐승이 강을 건너다' 라고 한 것은 코끼리와 말과 토끼가 강을 건너는데, 강은 공空의 이치를 비유하고, 코끼리는 보살을, 말은 연각을, 토끼는

무엇일까요? 바로 본래성품(本性)입니다. 자신의 본래성품에 직접 계입契入하는 것입니다. 그래서 여러분에게 "분별심에 머무르지 말고, 양쪽 끝에 머무르지도 말며 곧장 바로 염불하십시오!"라고 말씀드리는 것입니다.

철오 선사께서는 말씀하시기를 "우리들의 현전하는 일념심성一念心性은 전체 진여가 망념을 이루니, 전체 망념 그대로가 진여이다. 하루 종일 변하지 않지만 하루 종일 인연을 따른다. 한마디 염불의 대상인 (아미타불) 부처님께서 전체 그대로의 덕으로 명호를 세웠으니(全德立名) 덕 이외에는 명호가 없으며, 명호로써 덕을 부르니(以名召德) 명호 이외에는 덕이 없다. 염불하는 주체인 마음 이외에 염불의 대상인 부처가 따로 없다. 주체와 대상이 둘이 아니며, 중생과 부처가 완연하다. 본래 논리적 사변(四句)도 여의고 온갖 시비(百非)도 끊었으며, 본래 일체에 두루하고 일체를 머금었으며, 절대 원융하여 불가사의하다"라고 하셨다.

연종蓮宗의 수행인은 모름지기 우유부단할 필요가 없고 곧장 바로 염불하기만 하면 된다. 이는 코끼리가 강을 건널 때 한 걸음에 바닥까지 디디며 곧장 지나가는 것과 같다.

성문을 비유한 것이라고 한다.

제67게송

一句彌陀 無相心佛 (일구미타 무상심불)

國土莊嚴 更非他物 (국토장엄 갱비타물)

한마디 아미타불
상이 없는 마음부처라.
극락국토 의정장엄
다시 다른 것이 아니네.

한마디 아미타불은 상이 없는 마음부처입니다. "극락국토 의정장엄 다시 다른 것이 아니네"라고 하심은, 다름이 아니라 여러분의 지금 현재 상相이 없는 마음부처를 말합니다.

게송에서 한마디 아미타불은 곧 자성미타自性彌陀와 무상심불無相心佛을 밝히고 있다. 극락국토의 의보와 정보의 장엄 역시 오직 마음이 나툰 것이고 다시 다른 것이 아니다.

"한마디 아미타불, 상이 없는 마음부처라." 이 문구와 관련하여 철오 선사께서 이르시길 "이러한 심성은 중생과 부처가 평등하게 공유한 것으로 부처에게만 치우쳐 속한 것도 아니고, 또한 중생에게만 치우쳐 속한 것도 아니다. 그러므로 만약 이 마음이 아미타불에게 속해 있다면 중생은 곧 아미타불 마음속의 중생이고, 만약 이 마음이 중생에게 속해 있다면 아미타불은 바로 중생 마음속의 아미타불이다"라고 하셨다. 그러므로 자성미타 무상심불이라 말할 수 있다.

"극락국토 의정장엄, 다시 다른 것이 아니네"라고 함은, 이 극락국토의 갖가지 의보依報장엄과 정보正報장엄 역시 유심唯心이 나툰 것이고 다시 다른 물건이 아니라는 뜻이다. 다만 이른바 유심은 다시 외경外境이 없다는 것을 말한 것이 아니고, 갖가지 장엄이 모두 다 유심이 나툰 것임을 요달해야 한다. 철오 선사께서 이르시길 "사바세계의 더러움과 괴로움도, 극락세계의 청정함과 즐거움도 모두 오직 이 마음이 만들어 낸 것이다. 오직 마음속에 더러움과 괴로움이 이미 가득하면 곧 엄청난 핍박과 마주하게 된다. 오직 마음속에 청정함과 즐거움이 아미 가득하면 곧 완전한 수용을 얻게 된다. 어찌하여 마음이 만들어 낸 더러움과 괴로움의 세계를 버리고 마음이 만들어 낸 청정함과 즐거움의 세계를 취하지 않겠는가?" 그러므로 "극락국토 의정장엄, 다시 다른 것이 아니네"라고 하신 것이다.

제68게송

一句彌陀 無爲大法 (일구미타 무위대법)

日用單提 劍離寶匣 (일용단제 검리보갑)

한마디 아미타불
무위의 대법이라.
일상에서 바로 들라.
칼집에서 보검을 꺼내듯이.

「강해」에는 주석이 없다.

앞의 두 문구는 지니는 대상인 부처님 명호의 본체는 곧 불생불멸의 묘리妙理이고 또한 이른바 무위대법無爲大法임을 밝히고 있다.

다음 두 문구 "일상에서 바로 들라. 칼집에서 보검을 꺼내듯이"는 비유를 든 것이다. 정종淨宗의 수행인이 만약 일상생활 속에 이 한마디 부처님 명호만을 바로 들면(單提)[104] 곧 망념의 잡되고 더러움이 저절로

104 원래 선종에서 아무런 수단 방편을 쓰지 않고, 바로 본분의 참뜻을 들어 보이는 것을 일컫는 말.

소멸된다. 마치 금강왕보검(金剛王寶劍: 부처님의 반야지혜)이 칼집에서 나오면 덩굴처럼 엉킨 모든 번뇌와 시비 갈등이 칼을 만나 모조리 사라지는 것과 같다.

제69게송

一句彌陀 無漏眞僧 (일구미타 무루진승)

雪山藥樹 險道明鐙 (설산약수 험도명등)

한마디 아미타불
무루의 참 승가라.
설산의 약나무요
험한 길의 밝은 등불이네.

한마디 아미타불은 "무루의 참 승가라." '참 승가'란 무엇입니까? 그것은 청정한 덕과 화합의 덕을 말합니다.

"설산의 약나무요."에서 약나무는 아가타 약[105]인데 모든 병을 다스립니다. "험한 길의 밝은 등불이네." 한마디 아미타불은 능히 중생의 번뇌를 치료하며, 중생에게 지혜의 등불을 열어줍니다.

범어인 승가(僧伽, samgha)는 승僧이라 약칭하는데, 이를 번역하

105 온갖 병을 고친다는 인도의 영약靈藥. 모든 번뇌를 없애는 영묘한 힘이 있다고 한다. '아가타阿伽陀' 는 산스크리트어 'Agada' 의 음역어이다

면 화합중和合衆이라 한다. 지금 한마디 온갖 덕을 갖춘 위대한 명호를 지니니, 지니는 주체는 시각始覺의 지혜이고 지니는 대상은 본각本覺의 이치이다. 이치와 지혜가 화합하니 어찌 무루의 참 승가가 아니겠는가? 그러므로 "한마디 아미타불, 무루의 참 승가라"고 하신 것이다.

"설산에 약나무요, 험한 길에 밝은 등불이네"란 두 문구는 비유를 들어 한마디 명호를 지니면 설산의 약나무처럼 치료하지 못할 병이 없고, 험한 길의 밝은 등불처럼 깨뜨리지 못할 어두움이 없음을 말한다.

제70게송

一句彌陀 滿檀那度 (일구미타 만단나도)
裂破慳囊 掀翻寶聚 (열파간낭 흔번보취)

한마디 아미타불
단나바라밀을 원만케 하니
구두쇠가 아끼던 주머니 찢어버리고
보배무더기 뒤집어 쏟네.

"단나바라밀"은 보시를 말합니다. 한마디 아미타불 부처님 명호는 보시바라밀이므로 인색한 구두쇠가 보배주머니를 깨뜨릴 수 있습니다. "보배무더기 뒤집어 쏟네." 어떠한 재산과 보물도 모두 아끼지 않고 모두 분별 집착하지 않습니다.

범어 단나(檀那, dāna)는 번역하면 보시이다. 보시는 능히 아끼고 탐내는 마음(慳貪心)을 제도할 수 있으므로 보시바라밀이라 칭한다.

"한마디 아미타불, 보시바라밀을 원만케 하니"란 문구와 관련하여 우익 대사께서는 "진실로 염불하여 신심身心과 세계를 내려놓을 수 있다면 곧 큰 보시이다"라고 말씀하셨다. 무릇 이미 신심(정보)과 세계(의보)를 내려놓을 수 있다면 구두쇠가 저금통을 스스로 깨뜨릴 것이다. 간탐의 근원은 아탐我貪과 아만我慢이니, 이제 이미 신심과 세계까지도 내려놓았으니 구두쇠가 스스로 저금통을 깬 것이다. 저금통을 이미 깼으니 보배무더기도 뒤집어 쏟아 중생에게 전부 베푸는 데에 어려움이 없다. 이 어찌 보시 바라밀을 원만히 한 것이 아니겠는가? 그러므로 "한마디 아미타불 보시바라밀을 원만히 이루니, 구두쇠가 아끼던 주머니 찢어버리고, 보배무더기 뒤집어 쏟네"라고 하신 것이다.

제71게송

一句彌陀 滿尸羅度 (일구미타 만시라도)
都攝六根 圓淨三聚 (도섭육근 원정삼취)

한마디 아미타불
시라바라밀을 원만케 하니
육근을 모두 거두어들여
삼취를 원만 청정케 하네.

"시라屍羅바라밀"은 계戒를 말합니다. 한마디 부처님 명호로 육근六根을 모두 거두어들일 수 있습니다. "삼취를 원만 청정케 하네"란 선법善法, 이익利益, 중생을 널리 이롭게 함(饒益有情)을 말합니다. 삼취정계三聚淨戒가 모두 이 속에 들어 있고, 모두 이 부처님 명호 속에 들어 있습니다.

범어 시라(屍羅, sila)는 번역하면 방지防止이다. 또한 계라고도 한다. 계는 미리 방비하여 악을 사전에 그치게 하는 것(防非止惡)을 뜻한다. 지계持戒는 능히 파계를 제지할 수 있으므로 시라도尸羅度라

칭한다.[106] 한마디 아미타불로 육근을 모두 거두어 염불하면 마음바탕(心地)이 절로 청정해지고 더러움이 없어지니, 곧 시라도이다. 우익대사께서는 "진실로 염불하여 다시 탐·진·치를 일으키지 않을 수 있으니, 곧 큰 지계이다"라고 말씀하셨다.

"원정삼취圓淨三聚"에서 삼취는 세 가지 종류의 계로 능히 일체 대승의 모든 계를 거두어들이므로 삼취계三聚戒라고 한다. 첫째로 섭율의계攝律儀戒는 일체의 율의를 거두어들이지 않음이 없고, 둘째로 섭선법계攝善法戒로 능히 일체의 선법을 거두어들일 수 있으며, 셋째로 섭중생계攝衆生戒는 능히 일체의 중생을 거두어들일 수 있다. 한마디 부처님 명호로 육근을 모두 거두어들여 염불하면 자연히 탐·진·치 등 일체의 잡다한 번뇌가 다시 일어나지 않으며, 삼취정계는 수지하지 않아도 저절로 수지되어 원만하게 된다. 그러므로 "육근을 모두 거두어들여 삼취를 원만 청정케 하네"라고 하신 것이다.

---

106 지계持戒를 자리自利를 따라 말하면 훼범毁犯에 대치하여 몸과 마음으로 하여금 청량하게 하는 것이고, 이타利他를 따라 말하면 중생에게 상해를 끼치지 않을 뿐만 아니라 마땅히 대중을 도와주어야 함을 뜻한다.

제72게송

一句彌陀 滿羼提度 (일구미타 만찬제도)

二我相空 無生忍悟 (이아상공 무생인오)

한마디 아미타불
찬제바라밀을 원만케 하니
두 아상이 공하여
무생법인을 절로 깨닫네.

한마디 '아미타불'은 바로 인욕忍辱[107]바라밀을 말합니다. 왜냐하면 인아人我·법아法我가 모두 염불을 통해 공에 이르기 때문입니다. 그래서 "무생법인을 절로 깨닫습니다." 깨달아서 무생법인에 도달하면 그 무엇인들 참지 못하겠습니까? 편안하게 인내하여 움직이지 않습니다.

범어 찬제(羼提, kśānti)는 번역하면 인욕을 말한다. 무엇을 인욕이

107 인욕을 자리를 따라 설하면 성냄에 대치하여 마음으로 하여금 편안히 머무는 것이고, 이타를 따라 설하면 중생들은 조복시키기 어렵기 때문에 마땅히 인욕하여 무거운 것을 등에 져야 하며 연민의 마음으로 이를 교화하여야 함을 뜻한다.

라고 하는가? 다른 사람에게 괴로움을 가하는 것을 욕辱이라 하고 욕됨을 편안하게 받는 것을 인忍이라 한다. 인욕은 능히 성냄(瞋恚)을 깨뜨리므로 찬제도羼提度라고 한다. 우익 대사께서 이르시길 "진실로 염불하여 옳고 그름과 나와 남을 헤아리지 않을 수 있으니, 곧 큰 인욕이다"라고 하셨다. 지금 한마디 아미타불로 생각마다 굳게 지니면 지니는 마음 이외에 부처가 없고 부처 이외에 지니는 마음이 없다. 마음과 부처가 원융하여 일체가 되면 자연스레 성냄은 생기지 않으니, 어찌 인욕바라밀을 원만케 하지 않겠는가?

"두 아상이 공하여 무생법인을 절로 깨닫네"란, 이미 염불이 원융하여 일체가 된 경지에 이르면 주체와 대상(能所)이라는 생각(情)이 사라지고, 인아人我와 법아法我의 상相이 자연히 공해지고, 무법생인을 절로 깨닫게 된다. 무생법인이란, 제법이 본래 생함이 없고 또한 유有와 멸滅이 아님을 요달하고 자세히 살펴 인가忍可하여 망념이 일어나지 않음을 말한다. 그러므로 "두 아상이 공하여 무생법인을 절로 깨닫네"라고 하신 것이다.

제73게송

一句彌陀 滿毘梨度 (일구미타 만비리도)

不染纖塵 直踏玄路 (불염섬진 직답현로)

한마디 아미타불
비리바라밀을 원만케 하니
티끌 한 점 오염되지 않고
현묘한 길 바로 밟는다네.

무엇을 "비리도"라 합니까? 이것은 정진[108]을 말합니다. 한마디 '아미타불'을 염불하여 열심히 정진하면 상응함을 얻습니다. "티끌 한 점 오염되지 않고." 한 점의 번뇌에도 전혀 오염되지 않고 그렇게 "현묘한 길 바로 밟네." 바로 '현묘한 길'로 발을 들여놓습니다. 여기서 '현묘한 길'이란 본래성품의 길을 말합니다.

---

108 정진精進을 자리自利를 따라 설하면 게으름(懈怠)을 대치하여 선법善法을 점점 더 발전시키는 것이고, 이타利他를 따라 설하면 중생이 원망도 없고 후회도 없도록 하여 제도를 받을 때까지 하는 것을 뜻한다.

범어 비리야(毗梨耶, viriya)는 번역하면 정진이다. 잡되지 않음을 정精이라 하고 물러나지 않음을 진進이라 한다. 정진이란 부지런히 선법善法을 닦아 마음에 해태함이 없음을 말한다. 우익 대사께서는 "진실로 염불하여 조금도 끊어지지 않고 뒤섞이지 않는다면 곧 큰 정진이다"라고 말씀하셨다. 지금 한마디 부처님 명호를 지니어 뒤섞이지 않고 끊어지지 않으며 능히 게으름을 제도하니, 어찌 정진바라밀을 원만히 이루었다 하지 않겠는가?

"티끌 한 점 오염되지 않고, 현묘한 길 바로 밟는다네"란 두 문구는 비유를 들어 밝힌 것이다. 이른바 명호를 굳게 지니고 육근을 모두 거두어들여 염불하면, 곧 한마디 부처님 명호에 온 정성을 다하면 잡념과 티끌번뇌에 오염되지 않으며, 곧 염불하는 주체인 시각始覺의 지혜와 염불의 대상인 본각本覺의 이치에 원융하여 일체가 되니 곧 구경각이라 할 수 있다. 그러니 어찌 근원으로 돌아가는 현묘한 길을 곧바로 밟는 것이 아니겠는가? 그러므로 "티끌 한 점 오염되지 않고 현묘한 길 바로 밟는다네"라고 말씀하신 것이다.

제74게송

一句彌陀 滿禪那度 (일구미타 만선나도)

現諸威儀 藏甚枯樹 (현제위의 장심고수)

한마디 아미타불
선나바라밀을 원만케 하니
모든 위의가 드러났는데
어찌 마른 나무에 감추랴.

한마디 아미타불은 "선나바라밀"입니다. 이것은 선정[109]을 말합니다. "모든 위의를 드러내어." 즉 여러 가지 위의가 드러났는데 "마른 나무에 감출 필요가 있겠습니까?" 왜 마른 나무에 감추어야 합니까? 고적枯寂해야 합니까? 그럴 필요가 없습니다. 그냥 염불하십시오. "나는 망상을 여의어야 하고 고적함 속에 있어야 하고 공 안에 있어야 하니, 그게 바로 선정을 닦는 것입니다"라고 말할 필요가 없습니다.

---

109 선정禪定은 자리를 따라 설하면 산란함을 대치하여 마음으로 하여금 안정되게 하는 것이고, 이타를 따라 설하면 중생이 영향 받은 바를 입지 않고 도리어 대중이 안온한 마음을 일으키도록 하는 것이다.

그게 아닙니다. 이 아미타불의 선정은 오직 염불일 뿐입니다. 걱정하지 않아도 모든 것이 분명히 드러나며 모두가 다 온당하게 됩니다.

범어 선나(禪那, dhyāna)는 번역하면 정려靜慮이다. 선정은 염려念慮가 모두 사라진 안심安心 진리의 경지를 말한다. 우익 대사께서는 "진실로 염불하여 망상이 치달리지 않을 수 있다면 곧 큰 선정이다"라고 말씀하셨다. 지금 한마디 명호를 집지하여 부처님 경계에 혼신의 힘을 기울이고 만 가지 염려를 모두 잊는다면 어찌 선정바라밀을 원만히 이룬 것이 아니겠는가?

"모든 위의가 드러났는데, 어찌 마른 나무에 감추랴." 이 두 문구에서는 진실로 생각마다 명호를 집지할 수 있다면 마음은 선정에 있고, 자연히 행동거지가 편안하고 침착해져 위의威儀[110]를 지키고자 억지로 조심하지 않아도 저절로 위의가 갖추어짐을 말한다. 마른 나무는 고목선枯木禪을 말한다. 초췌하게 앉아서 참선하는(枯槁禪坐) 것은 하근기 참선인을 위하여 간곡히 시설한 방편이다. 이미 한마디 아미타불이 곧 위없는 깊고 미묘한 선임을 알았는데 고목처럼 멍하게 앉아 한마디 화두를 챙겨서 무엇 하겠는가. 그러므로 "어찌 마른나무에 감추랴"라고 하신 것이다.

---

110 위의威儀는 일상적인 행동거지를 말한다. 제위의諸威儀란 사위의四威儀로서 수행자가 생활함에 있어서의 네 가지 몸가짐, 곧 행주좌와行住座臥에서의 바른 몸가짐을 가리킨다.

제75게송

一句彌陀 滿般若度 (일구미타 만반야도)

境寂心空 雲開月露 (경적심공 운개월로)

한마디 아미타불

반야바라밀을 원만케 하니

경계 고요하고 마음 공하여

구름 걷히고 달이 드러나네.

한마디 '아미타불'은 반야바라밀입니다. 이것은 지혜[111]를 말합니다. "경계 고요하고 마음 공하여"는 일체 경계가 "공적空寂", 즉 공하고 마음도 공함을 말합니다. 이 말은 마음의 경계가 모두 공적·무념無念으로 돌아간다는 뜻입니다. "구름 걷히고 달이 드러나네." 이때 무명의 구름이 걷히고 우리들 본래성품의 달이 떠서 바로 드러납니다.

---

111 반야般若는 자리를 따라 설하면 우치愚癡에 대치하여 지혜를 생기生起하는 것이고, 이타를 따라 설하면 선교방편善巧方便으로 중생을 교도하여 구경에 해탈하게 하는 것이다.

범어 반야(般若, prajñā)는 번역하면 지혜智慧이다. 결정코 이치를 살펴서 (어긋나지 않음을) 지智라 말하고, 올바른 마음가짐(造心)으로 분별함을 혜慧라 말한다. 우익 대사께서는 "진실로 염불하여 다른 갈림길에 미혹되지 않으면 곧 큰 지혜이다"라고 말씀하셨다. 한마디 아미타불로 육근을 모두 거두어들여 청정한 생각이 이어지면 방편을 빌리지 않아도 절로 마음이 열린다. 마음 열림은 곧 이치를 깨달음을 일컫는다. 모든 법을 잘 관하면 실상인實相印을 얻는다. 그때 비로소 반야가 곧 연기이면서 성품이 공함(性空)을 밝히는 것임을 알게 되니, 비록 성품이 공하여도 연기를 무너뜨리지 않는다. 그러므로 "한마디 아미타불, 반야바라밀을 원만케 한다"라고 하신 것이다. 여기서 도(度, 바라밀)란 실상을 밝히지 못하는 어리석음을 제도한다는 뜻이다.

"경계 고요하고 마음 공하여, 구름 걷히고 달이 드러나네"라는 두 문구에서 앞의 구는 법이고, 뒤의 구는 비유이다. 염불하여 청정한 생각이 상속相繼하는 경지에 이를 때 자연히 염불의 대상인 경계는 고요하고, 염불하는 주체인 마음은 공하여 주체와 대상이 둘이 아니니, 곧 실상반야實相般若이다. "구름 걷히고 달이 드러난다"란 말은 비유이다. 구름이 걷힘은 마음 열림을 비유한 것이고, 달이 드러남은 자신의 본각성체本覺性體가 나타남을 비유한 것이다.

제76게송

一句彌陀 想寂思專 (일구미타 상적사전)

未離忍土 已坐寶蓮 (미리인토 이좌보련)

한마디 아미타불
마음 전일하여 생각 고요해지면
아직 사바 인토 떠나지 않고도
이미 보배연화에 앉았네.

"마음 전일하여 생각 고요해지면"이란 삼매를 말합니다. "생각이 그침(想寂)"은 망상이 모두 멸하였음을 뜻하고, "마음이 전일함(思專)"이란 마음이 전일하게 선정에 든 일심불란一心不亂을 뜻합니다. "아직 사바 인토 떠나지 않고도 이미 보배연화에 앉았네." 이것은 왕생을 체현해 보였지만 여러분은 "인토忍土"를 아직 벗어나지 않았음을 말합니다. "인토"는 견디고 참아야 하는 사바세계를 말합니다. 그렇지만 여러분은 이미 서방의 연화대에 앉아 있습니다.

한마디 아미타불은 불가사의하다. 내가 곧 부처인 인심因心으로써 내가 곧 마음인 과불果佛을 염하기에 인과因果가 서로 통하고(交徹) 마음과 부처가 일여一如하다. 내가 곧 마음인 과불로써 무연대자無緣大慈와 동체대비同體大悲를 베푸니, 본래가 스스로 불가사의하다. 그리고 내가 곧 부처인 인심因心으로 깊은 믿음과 간절한 발원을 하여 오로지 정성껏 명호를 지니는 것 또한 불가사의하다. 한 번 소리 내어 염하면 한 번의 소리가 불가사의하고, 백천만 번 소리 내어 염하면 백천만 번의 소리가 불가사의하다. 다만 마땅히 온갖 인연을 놓아버리고 일념으로 들어야 한다. '마음 전일하여 생각 고요해짐(想寂思專)'[112]에 도달하면 정업淨業은 바로 크게 이루어진다. 이것은 곧 육근의 몸과 세계가 은밀히 그 마음을 따라 생각마다 전변轉變한 것이니, 범부중생의 마음과 눈으로는 지견知見할 수가 없다.

"아직 사바 인토 떠나지 않고도 이미 보배연화에 앉았네." 이 사람은 비록 몸은 아직 사바세계 인토忍土에 있을지라도 정토의 칠보연못 가운데 이미 꽃받침이 피었고 이름이 표시되어 있으며, 자연히 보배연화대 위에 앉아 있는 것이다.

---

112 연종의 초조初祖 여산 혜원대사는 사전상적思專想寂을 염불삼매라 했다고 한다. 이것은 마음을 하나의 대상에 집중시켜 잡념이 없이 적정한 상태의 마음을 가지려고 노력하는 것이다. 혜원의 전심專心은 아미타불에 대하여 마음을 집중한 것이다. 즉 무량수불상 앞에 모여 단을 차리고 향화香花로 공경의 예를 표하며, 또 서방정토의 경계에 마음을 기울이는 등 여러 가지 방편을 사용했다. 혜원의 염불은 반야의 공에 근본을 둔 이관理觀염불과 반주삼매에 근본을 둔 사관事觀염불을 쌍수한 이사겸수 염불이라 할 수 있다. 이 염불삼매를 얻기 위해서 그는 반야대에서 매일 하루 여서 때에 염불하면서 서방정토를 향하여 예배했다고 한다.

제77게송

一句彌陀 一朵寶蓮 (일구미타 일타보련)

唯心之妙 法爾如然 (유심지묘 법이여연)

한마디 아미타불
한 송이 보배연꽃이라.
유심의 미묘함이여
본래부터 그러하다.

한마디 아미타불은 한 송이 보배연꽃입니다. "유심의 미묘함"이란, 모든 것은 유심唯心이 나타난 것입니다. 매우 미묘한 각성覺性 그 안에서 변화한 것이니, 이는 "본래부터 그러합니다." 본래부터 그러한 것으로서 조작도 아니고 유위有爲도 아닙니다.

왕용서王龍舒 거사께서 이르시길 "시방세계 중생들이 염불하면 정토의 보배연못에 연꽃 한 송이가 생기고 그 이름이 표시된다. 혹자는 이를 의심한다. 나는 이를 알고 말하길 '맑고 밝은 거울처럼 사물이 와서 나타나니, 거울이 어찌 마음을 쓰겠는가! 그 밝음으로 인해 자연스럽게 나타날 뿐이다.' 그러므로 말하길 '착한 마음이 생기기 시작하면 위로는 천상의 보배전각이 먼저 이루어진다. 악한 생각이 돋아나기 시작하면 아래로 땅의 화성火城이 이미 갖추어진다'라는 것이다"라고 하셨다. 왜냐하면 극락국토는 유심정토이기 때문이다. 무릇 이와 같기에 정업을 닦는 사람은 극락에 연꽃받침이 피고 이름이 표시되는 것이다. 이를 기다려 왕생하는 것은 바로 유심의 미묘함이 드러난 것으로서 본래부터 그러하니, 어찌 이상한 일이겠는가!

제78게송

一句彌陀 一朵寶蓮 (일구미타 일타보련)

凡情不信 亦宜其然 (범정불신 역의기연)

한마디 아미타불

한 송이 보배연꽃이라.

범부의 생각으론 이를 믿지 못하니

그 또한 당연히 그러하다.

한마디 아미타불은 한 송이 보배연꽃입니다. 그렇지만 범부의 생각으론 이를 믿지 못합니다. 그는 이러한 심오한 도리, 이러한 수승한 경계를 이해하지 못합니다. 그러므로 "그 또한 당연히 그러하다"라고 하신 것입니다. 범부들이 믿지 못하는 것은 또한 당연한 것이고, 또한 자연적인 것이며, 역시 필연적인 일입니다.

이 게송에서는 염불법문이 믿기 어려운 법문(難信之法)임을 밝히고 있다. 정토법문은 상중하의 세 근기를 두루 가피하고 이근과 둔근을 전부 거두니, 위로는 등각보살도 그 바깥을 뛰어넘지 못하고 아래로 오역죄를 지은 악한 범부도 역시 그 가운데 참여할 수 있다.

그 수행 방법은 또한 지극히 간단하고 용이하여 다만 한마디 아미타불을 염하는 것일 뿐이다. 만약 참된 믿음과 간절한 발원으로 오롯이 간절하게 명호를 집지하여 서방 왕생을 구하면 임종 때 반드시 부처님께서 접인接引해주심을 입어 칠보연못 가운데 핀 연꽃 속으로 들어가 몸을 의탁(托質)하게 된다. 설사 꽃이 핌에 빠르고 늦음이 있고, 부처님을 친견함에 더디고 빠름이 있을지라도 필경에는 일생에 아비발치(阿鞞跋致, 불퇴전)를 원만히 증득하게 된다.

인광 대사께서 이르시길 "그러나 이 법문은 이와 같이 광대하지만 그 수행 방법은 또한 지극히 간단하고 쉽다. 이런 까닭에 숙세의 선근이 있지 않고서는 사실상 의심 없이 잘 믿기가 어렵다. 범부만이 믿지 못하는 것이 아니라 이승二乘조차도 이를 믿지 못하는 이가 많다. 이승만이 믿지 못하는 것이 아니라 권위보살權位菩薩[113]조차도 이를 믿지 못하는 경우가 간혹 있다. 오직 대승보살大乘菩薩만이 바야흐로 철저히 깨달아 의심 없이 잘 믿을 수 있다"라고 하셨다. 그러므로 "범부의 생각으론 이를 믿지 못하니, 그 또한 당연히 그러하다"라고 말씀하신 것이다.

---

113 권위보살은 보통 삼현십성(三賢十聖: 十住, 十行, 十回向의 삼현과 십지 단계의 보살) 이전의 보살을 일컫는다. 또한 천태종에서는 장통별원藏通別圓의 화법사교化法四教 중 원교를 제외한 장·통·별의 보살들을 지칭하기도 한다.

제79게송

一句彌陀 一朵寶蓮 (일구미타 일타보련)

決定不信 眞個可憐 (결정불신 진개가련)

한마디 아미타불
한 송이 보배연꽃이라.
확고하게 믿지 못하니
참으로 가련하기 그지없다.

한마디 아미타불을 그대가 듣게 된다면 그대의 마음속에 한 송이 보배연꽃이 있게 됩니다. 이를 확실하게 믿지 못한다면 참으로 가련할 따름입니다.

정토법문은 믿음과 발원, 염불행(信願行)의 세 가지 법을 종지로 삼는다. 오직 믿음과 발원으로 명호를 지니고 서방왕생을 구하면 반드시 부처님의 거두어주심을 받아, 서방에 왕생하여 연꽃 태에 몸을 의탁하여 영원히 퇴전하는 조건을 떠나게 된다.

인광 대사께서 이르시길 "이 하나의 정토법문은 여래께서 미혹을 끊을 힘이 없고 생사를 요달할 수 없는 말세의 중생을 위해서, 특별히 확실히 요달할 수 있도록 하나의 법으로 시설하신 것이다. 부처님께서 이 법을 베풀지 않으셨다면 미혹을 끊을 힘이 없는 자는 모두 생사를 요달할 희망이 없을 것이다"라고 하셨다.

유감스럽게도 이 수승한 법문을 중생들은 아직도 도무지 믿으려 하지 않으니, 이는 무슨 까닭인가? 깊고 무거운 업장이 그렇게 하도록 시켜 금생에 왕생과 동시에 해탈하는 수승한 이익을 얻지 못하는 것이다. 그러므로 "확고하게 믿지 못하니 참으로 가련하기 그지없다"라고 하신 것이다.

제80게송

一句彌陀 一朵寶蓮 (일구미타 일타보련)

直饒不信 已染識田 (직요불신 이염식전)

한마디 아미타불
한 송이 보배연꽃이라.
당장은 잘 믿지 못하여도
이미 팔식의 밭을 물들였네.

한마디 아미타불, 그것을 듣는다면 한 송이 보배연꽃이 마음 한가운데 있는 것입니다. 비록 여러분이 당장은 잘 믿지 못할지라도 그것은 여러분 팔식의 밭(識田: 아뢰야식의 밭, 마음)을 물들여서 이미 공덕의 종자가 그 안에 있게 됩니다.[114]

---

114 허운 스님, 『참선요지』 참조. "세간 사람들은 관세음보살의 이름을 한 번 들으면 모두 경애敬愛의 마음을 느끼는데, 이것은 과거 생에 그의 성호聖號를 마음에 간직(持念)했던 것이 팔식八識의 밭 가운데 종자로 남아 있다가 지금 일어나는 것이 아님이 없습니다. 그래서 경에서 말하기를 '한 번 귀에 들어가면 영원히 도의 종자가 된다(一入耳根 永爲道種)' 고 하는 것입니다."

한마디 아미타불은 온갖 덕을 갖춘 위대한 명호이다. 전체 덕으로 명호를 세웠고, 명호로써 덕을 부르니 빠짐없이 다하지 않음이 없다. 염불하는 주체인 마음 이외에 별도로 염불의 대상인 부처가 없고, 염불하는 대상인 부처 이외에 별도로 염불하는 주체인 마음이 없다. 마음이 곧 부처이고 부처가 곧 마음이다. 마음과 부처를 모두 잊으니 마음과 부처가 일여一如하다. 생각 생각 가운데 팔십억 겁의 생사 중죄를 제거하므로 한 번 아름다운 명호를 부르면 산란한 마음이라도 부처의 종자를 이루고, 굳게 지니면 불퇴전의 경지에 오른다.

설사 이 법문은 잘 믿을 수 없을지라도, 단지 한마디 부처님 명호를 오염된 정신에라도 부르게 되면 팔식의 밭 가운데 이미 금강의 종자를 심게 되어 미래에는 반드시 이로 인해 제도 받을 것이다. 『법화경』에 이르길 "만약 어떤 이가 산란한 마음으로 탑묘 가운데 들어가 '나무불'이라고 한 번 부르면 이미 불도를 다 이룰 것이다"라고 하셨다. 어찌 믿지 않을 것인가!

제81게송

一句彌陀 宏通敢惰 (일구미타 굉통감타)

入大悲室 坐法空座 (입대비실 좌법공좌)

한마디 아미타불

크게 유통함을 어찌 감히 게을리 하랴.

대자비의 방에 들어가

법공의 자리에 앉아라.

한마디 아미타불 "크게 유통함을 어찌 감히 게을리 하랴." 이는 우리들이 한마디 아미타불을 널리 선양하고 유통하여야 한다는 말씀입니다. "대자비의 방에 들어가", 보살의 대자비의 방 가운데 들어가서 "법공의 자리에 앉아라." 법공의 자리에 앉았을 때만이 굉법이생(宏法利生: 법을 크게 전하고 중생을 이롭게 함)[115]의 사업, 중생을 이롭게 하는 활동을 드러낼 수 있습니다.

---

115 홍법이생(弘法利生: 법을 널리 알리고 중생을 이롭게 하는 일)과 같은 뜻.

믿음과 발원으로 염불하여 서방 왕생을 구하는 것은, 말세중생이 오탁악세에서 벗어나기 위해 바로 이번 한생에 삼계를 가로질러 생사를 벗어나는 유일한 길이다. 만약 말세중생이 이 하나의 법을 버리고서 자력에 의지하여 생사를 벗어나고자 한다면 천만 사람 가운데 한 사람도 벗어나기 힘들다. 그러므로 여래께서는 『대집경』 가운데 미리 수기하여 이르시길 "말법에는 수억 명이 수행하여도 한 명도 득도하기가 드무니, 오직 염불에 의지하여야만 생사에서 제도될 수 있을 것이다"라고 하셨다. 부처님의 금구성언金口誠言을 어찌 감히 믿지 않으랴. 이 때문에 정토일문에서는 원공遠公[116]·천태지자智者·청량淸涼·영명永明·연지蓮池·우익藕益과 같이 앞서간 성현들께서는 각자 추향(趣向: 방향을 정함)하여 준행(遵行: 따라 행함)하지 않음이 없었고, 모두 있는 힘을 다해 홍양弘揚하며 금강심金剛心을 발하고 유포하셨다. 그리고 청나라 때 철오 선사께서는 선종을 철저히 깨달으시고 난 후에 염불로 파참(罷參: 공부를 마치고 인가를 받음)하시고는, 염불법문을 크게 발전시켜 유통시킴에 있어 더욱 성실하고 진지함을 보이셨다. "한마디 아미타불, 크게 유통함을 어찌 감히 게을리 하랴"란 말은, 철오 선사께서 '정토염불법문을 홍양하고 유통함에 내 어찌 감히 조금이라도 태만하고 나태하겠는가!'라고 스스로에게 말씀하신 것이다.

"대자비의 방에 들어가 법공의 자리에 앉아라"란 문구는 『법화경』에 나오는 말씀으로, 경전을 널리 퍼뜨리기 위해서는 마땅히 대자비심의 방에 머물러 제일의공第一義空의 자리에 앉아야 한다는 말이다. 염불법

116 여산廬山 동림사東林寺에서 백련결사를 이끈 혜원慧遠 대사를 말한다.

문을 크게 유통하는 것 또한『법화경』을 크게 유통하는 것과 동일하니, 먼저 자리이타自利利他의 보리심을 발하고, 중도인 제일의공第一義空의 이치를 원용하여 정토법문을 해석하여야 한다.

제82게송

一句彌陀 無盡寶藏 (일구미타 무진보장)
八字打開 普同供養 (팔자타개 보동공양)

한마디 아미타불
다함없는 보배창고라.
여덟 글자로 활짝 열어
두루 함께 공양하라.

한마디 아미타불은 다함없는 보배창고와 같습니다. "여덟 글자로 활짝 열어서 두루 함께 공양하라." 일체중생에게 공양하십시오. 일체 무량중생에게 염불할 것을 권하고 극락으로 회향할 것을 권하십시오. 그 속에 무량한 공덕이 있고 무량한 묘용妙用이 들어 있습니다. 무진장의 보장寶藏도 매한가지로 모두 그 속에 들어 있습니다.

"한마디 아미타불 다함없는 보배창고라"란 문구와 관련해서 연지대사께서 이르시길 "한마디 아미타불은 팔교八教를 망라하고 오종五宗을 원만히 거둔다. 오종五宗은 곧 선禪·교教·율律·밀密·정淨이다"라고 하셨다. 인광 대사께서도 또한 "한마디 부처님 명호는 일대장교를 포괄하고 모두 다하지 않음이 없다"라고 말씀하셨다. 그러므로 "한마디 아미타불 다함없는 보배창고라"라고 하신 것이다.

"여덟 글자로 활짝 열어서 두루 함께 공양하라." 이 문구는 정업淨業의 수행방법을 밝힌 것으로, "以深信願 持佛名號(깊은 믿음과 발원으로 부처님 명호를 지녀라)"의 여덟 글자를 말한다. 이를 지금과 미래의 현자들에게 작법공양作法供養[117]하여 널리 알리라고 한 것이다. 철오 선사께서 이르시길 "眞爲生死 發菩提心 以深信愿 持佛名號(진실로 생사를 위해서 보리심을 발하고, 깊은 믿음과 발원으로 부처님 명호를 지녀라), 이 열여섯 글자는 염불법문의 일대 강령이자 종지이다"라고 하셨다. 앞의 여덟 글자는 도를 배우는 공통된 길이니, 이는 비단 정토종만 그러한 것은 아니다. 일체 법문은 모두 보리심을 근본으로 삼아야 하기 때문이다. 뒤의 여덟 글자인 '以深信愿 持佛名號(깊은 믿음과 발원으로 부처님 명호를 지녀라)'가 비로소 본 정토종의 수행강요이다. 철오 선사께서 이르시길 "오직 이 정토문 안에서 오직 믿음과 발원의 마음으로 오롯이 명호를 지녀라. 일심불란에 이르도록 집지하면 정업이 곧 크게 이루어져서 사후에 결정코 왕생하고, 한 번 왕생함을 얻으면 바로 영원히 물러나지 않는다"라고 하셨다. 이것이 "두루 함께 공양하라"가 지닌 대의大義이다.

---

117 몸의 동작을 지어서 공양을 드리는 것을 말한다.

제83게송

一句彌陀 斷諸煩惱 (일구미타 단제번뇌)
全佛全心 一了百了 (전불전심 일료백료)

한마디 아미타불
모든 번뇌를 끊는다네.
전체 그대로의 부처, 전체 그대로의 마음
하나를 마치니 모두 마치네.

한마디 아미타불, 염불하여 상응함을 얻을 때 일체 번뇌가 다 끊어집니다. 전체 그대로의 부처가 마음이고 전체 그대로의 마음이 부처이니, 마음과 부처가 둘이 아닙니다. 그래서 "하나를 마치니 모두를 마치네"라고 하신 것입니다. 마음이 공해져서 본래성품을 보니 마치지 못할 것이 또 무엇이 있겠습니까? 전체가 모두 지금 현재에 있고, 모두 드러나 있습니다.

한마디 아미타불은 번뇌를 끊는 지름길이다. 철오 선사께서 이르시길 "염불하는 주체인 마음은, 본래 전체 그대로의 진여가 망념을 이룬

것이니 전체 그대로의 망념이 곧 진여이다. 염불의 대상인 부처 또한 본래 전체 그대로의 덕으로 명호를 세웠으니 전체 그대로의 명호가 곧 덕이다. 염불하는 주체인 마음 이외에 별도로 염불의 대상인 부처가 없고, 염불의 대상인 부처 이외에 별도로 염불하는 주체인 마음이 없다. 주체와 대상을 모두 잊으니 마음과 부처가 일여一如하다. 생각생각 가운데 오주번뇌[118]를 원만히 끊고 세 가지 잡염(三雜染)[119]의 장애를 원만히 전환하여 원만히 멸한다"라고 하셨다. 그러므로 "한마디 아미타불 모든 번뇌를 끊네"라고 하신 것이다.

"전체 그대로의 부처, 전체 그대로의 마음, 하나를 마치니 모두 마치네." 이 문구와 관련하여 철오 선사께서 이르시길 "이렇게 전체 그대로가 부처인 이 마음(全佛之心)으로 전체 그대로가 마음인 부처를 염한다면, 실제로 자기 마음속의 과보인 부처님(自心果佛)께서 완전한

---

118 오주번뇌五住煩惱: 중생을 삼계三界에 묶어두는 다섯 가지 번뇌로 1) 삼계의 견혹見惑인 견일처주지혹見一處住地惑, 2) 욕계의 사혹思惑인 욕애주지혹欲愛住地惑, 3) 색계의 사혹인 색애주지혹色愛住地惑, 4) 무색계의 사혹인 유애주지혹有愛住地惑, 5) 삼계의 무명인 무명주지혹無明住地惑이 그것이다.

119 삼잡염三雜染: (1) 번뇌잡염煩惱雜染 또는 작혹잡염作惑雜染으로 곧 일체번뇌 및 수번뇌隨煩惱의 총명. 이는 또한 견소단見所斷·수소단修所斷의 2종과 혹욕계계或欲界繫·색계계色界繫·무색계계無色界繫의 3종, 혹근본번뇌或根本煩惱 등 10종으로 분류된다. (2) 업잡염業雜染으로 번뇌를 좇아 생기고 혹은 번뇌를 도와 신구의 3업을 조작함을 가리킨다. (3) 생잡염生雜染 또는 작고잡염作苦雜染으로 번뇌 및 업에 의지하여 삼계에 태어나는 고통을 받는다.

이상 세 가지는 순서에 의해 혹惑·업業·고苦의 삼도三道에 상당한다. 혹은 3잡염에 다시 장잡염障雜染을 추가하여 4잡염四雜染이 된다. 『현양성교론顯揚聖教論』 1권 참조.

공덕과 위신력으로 명훈가피를 주신다. 한마디 부처님 명호에 다른 인연이 뒤섞이지 않는다면 십념의 공덕이 이루어져 다겁(의 수행)을 단박에 뛰어넘는다"라고 하셨다. 하나를 마치어 모두 다 마치는 것은 빠르게 불도를 이루는 최상의 묘법이다.

제84게송

一句彌陀 滅除定業 (일구미타 멸제정업)

赫日輕霜 洪鑪片雪 (혁일경상 홍로편설)

한마디 아미타불
정해진 업을 소멸시키네.
붉은 태양에 흩날리는 서리요
큰 화로에 날리는 눈송이로다.

한마디 아미타불은 일체 정해진 업(定業)[120]을 소멸시킬 수 있습니다. 어떤 사람은 정해진 업은 바꿀 수 없다고 말합니다. 그러나 염불하여 상응함을 얻는다면 40억 겁의 생사대죄生死大罪도 멸할 수 있고, 모든 업을 다 소멸시킬 수 있습니다. 그래서 태양이 떠오를 때 가볍게 날리는

---

120 정업定業: 1) 반드시 과보를 불러올 업. 과보를 반드시 받되 받는 시간에는 현세에 업을 지어서 현세에 과보를 받는 순현업順現業, 현세에 지어서 다음 생에 받는 순생업順生業, 현세에 지어서 다음 생 이후에 받는 순후업順後業의 세 가지가 있다. 2) 결정된 업보. 과거에 지은 업에 의하여 당연히 현세에서 받게 되는 과보를 말한다.

갖가지 서리처럼 모든 업은 한 번 비춤에 순식간에 사라져버립니다. 큰 화로 위에 날리는 한 조각 눈송이와 같이 한 번 떨어짐에 모든 업은 순식간에 사라져버립니다.

한마디 아미타불은 온갖 덕을 갖춘 위대한 명호이니, 만약 대보리심을 발하여 이를 지니면 결정코 정해진 업을 소멸시킬 수 있다. 정해진 업은 곧 결정코 고통의 과보를 받는 업인業因이다. 대개 마음은 업을 지을 수도 있고 마음은 업을 바꿀 수도 있다. 업은 마음이 지은 것으로 말미암고, 바꾸는 것도 마음으로 말미암는다.

인광 대사께서 이르시길 "무릇 지은 바 업은 결정코 과보를 받지 않음이 없고 바꾸는 것도 마음으로 말미암는다. 비유컨대 어떤 사람이 지은 바 악업으로 마땅히 지옥에 떨어져서 오랜 겁에 고통을 받아야 하는데, 그 사람이 한참 후에 크게 참괴(慚愧: 부끄러워함)하고 대보리심을 발하여 악을 고치고 선을 닦아 송경하고, 염불하여 스스로 행하고 다른 사람을 교화하여 서방왕생을 구하면, 이로 말미암아 현생에 남의 업신여김을 받거나 혹은 병고를 조금 얻고 혹은 빈궁을 조금 받으며, 모든 뜻대로 되지 않은 일들과 함께 먼저 지은 대로 지옥에 영원히 떨어져 오랜 겁에 고통을 받을 업들이 곧바로 소멸하고, 다시 생사를 요탈하고 범부를 뛰어넘어 성인에 들어갈 수 있으니, 이것이 곧 바꾸는 것도 마음으로 말미암는다는 말이 가리키는 뜻이다"라고 하셨다. 그러므로 "한마디 아미타불, 정해진 업을 소멸시키네"라고 하신 것이다.

"붉은 태양에 흩날리는 서리요, 큰 화로에 날리는 조각 눈송이로다." 이 두 문구는 비유를 들어서 한마디 온갖 덕을 갖춘 위대한 명호가 업을 소멸하는 위력이 있음을 밝힌다. 붉은 태양과 큰 화로는 부처님 명호를 비유한 것이고, 흩날리는 서리와 눈송이는 과보를 받는 업을 비유한 것인데, 이 업은 매우 짧은 순간에 소멸해버린다. 그러므로 서리와 눈송이로 비유를 든 것이다.

제85게송

一句彌陀 能空苦報 (일구미타 능공고보)
世界根身 卽粗而妙 (세계근신 즉조이묘)

한마디 아미타불
고통의 과보를 텅 비게 하네.
세계와 몸
거칠지만 묘하게 되네.

한마디 아미타불은 일체 고통의 과보를 텅 비게 할 수 있습니다. 세계와 몸이 비록 조악粗惡할지라도 염불하여 상응함에 도달할 때 미묘한 세계와 몸으로 변하여 불가사의한 경계를 드러냅니다.

"한마디 아미타불, 고통의 과보를 텅 비게 하네." 이 문구와 관련하여 인광 대사께서 이르시길 "과보는 삼세에 통하나니, 현재 선을 짓고 악을 지어서 현생에 복을 얻고 재앙을 얻는 것을 현생의 과보(現報)라 한다. 금생에 선을 짓고 악을 지어서 내생에 복을 얻고 재앙을 얻는 것을 내생의 과보(生報)라 한다. 금생에 선을 짓고 악을 지어서 세 번째 생 혹은 네 번째 생 혹은 십, 백, 천만 생 혹은 무량무변의 겁 이후에 이르러 비로소 복을 받고 재앙을 받는 것을 후의 과보(後報)라 한다. 후의 과보는 곧 늦고 더디기에 확실치 않지만 무릇 지은 바 업은 결정코 과보를 받지 않음이 없다. 한마디 아미타불은 온갖 덕을 갖춘 위대한 명호이다. 만약 자리이타自利利他의 대보리심으로 염불하면 결정코 모든 삼세의 괴로운 과보를 소멸시킬 수 있다"라고 하셨다. 그러므로 "한마디 아미타불, 고통의 과보를 텅 비게 하네"라고 하신 것이다.

"세계와 몸, 거칠지만 묘하게 되네." 현전하는 조악한 세계와 몸은 염불함에 따라 바뀌어서 수승한 의보와 정보를 이룬다. 가련하게도 범부는 이를 보고도 모른다. 모름지기 그대의 한갓 한 생각은 십법계의 의보와 정보를 다 구족하고 있으며, 십법계를 만들 수도 있다. 곧 인연에 따르지만 변하지 않으며, 변하지 않으면서 다시 인연을 따른다. 깨달음에 따르는 깨끗한 인연으로는 불법계의 의보와 정보를 이루고, 미혹함에 따르는 오염된 인연으로는 구법계의 의보와 정보를 이룬다. 그러므로 생각마다 바뀌는 것이다. 지금 깊은 믿음과 발원으로 부처님 명호를 지니면 눈앞의 거칠고 열악한 몸과 세계는 빈틈없이 정토의 수승하고 미묘한 몸과 세계로 바뀌게 된다. 다만 범부는 번뇌의 장애로 가려져 있어 스스로 알지 못할 뿐이다. 그러므로 "세계와 몸, 거칠지만 묘하게 되네"라고 하신 것이다.

제86게송

一句彌陀 圓轉三障 (일구미타 원전삼장)
卽惑業苦 成秘密藏 (즉혹업고 성비밀장)

한마디 아미타불
세 가지 장애를 원만히 바꾸나니
곧 혹·업·고가
비밀장을 이루네.

한마디 아미타불, “세 가지 장애를 원만히 바꾸니”에서 세 가지 장애(三障)는 바로 번뇌장煩惱障·업장業障·보장報障입니다. 그리고 혹·업·고惑業苦가 곧 비밀장秘密藏을 이룹니다. 이것이 수행인, 즉 염불하여 상응함에 이른 사람의 가장 중요한 부분입니다. 그래서 티끌 번뇌도 우리들의 묘용妙用으로 바뀌게 되고, 혹·업·고의 장애를 받지 않고 오히려 중생의 혹·업·고를 사용할 수 있다고 말합니다. 그런 까닭에 비밀장을 이루는 것이 바로 본래의 몸을 바꾸는 일종의 공부이며, 일체를 드러내는 것이라고 말합니다.

한마디 아미타불을 깊은 믿음과 간절한 발원으로 오롯이 간절히 지녀, 마음 이외에 부처가 없고 부처 이외에 마음이 없어 마음과 부처가 일여一如하도록 집지한다면 본래 구족한 삼인불성三因佛性[121]이 원만히 드러나 세 가지 오염된 장애를 원만히 소멸하고, 세 가지 덕의 비밀장(三德秘藏: 법신덕·반야덕·해탈덕)을 원만히 굴릴 것이다. 정인불성正因佛性이 드러나면 고통(苦)이라는 과보의 장애가 멸하여 법신덕으로 원만히 바뀐다. 요인불성了因佛性이 드러나면 미혹(惑)이란 과보의 장애가 멸하여 반야덕으로 원만히 바뀐다. 연인불성緣因佛性이 드러나면 업業이란 과보의 장애가 멸하여 해탈덕으로 원만히 바뀐다.

그러므로 "한마디 아미타불, 세 가지 장애를 원만히 바꾸나니, 곧 혹·업·고가 비밀장을 이루네"라고 하신 것이다.

---

121 『열반경涅槃經』에서 설한 내용. 1) 정인불성正因佛性은 일체의 삿되고 그른 것을 떠난 치우치지 않고 바른 진여이고, 2) 요인불성了因佛性은 진여의 이치를 관조하여 마치는 지혜이며, 3) 연인불성緣因佛性은 지혜의 원인을 돕는 조건으로서 바른 원인(正因)을 개발케 하는 불성이다.

제87게송

一句彌陀 解難解冤 (일구미타 해난해원)
慈光共仰 法喜均沾 (자광공앙 법희균첩)

한마디 아미타불
풀기 어려운 원한을 푸나니
자비광명 함께 우러르며
법의 기쁨 골고루 누리네.

여러분이 한마디 아미타불을 염불해 상응相應할 때는 전부가 상응하여 아미타불의 광명 한가운데 있게 됩니다. 일체의 원한을 지닌 업(冤業)이 그대에게 찾아올 때면 이 광명이 "자비광명이 되어 함께 우러르게" 됩니다. 그 업들은 이 갖가지 광명을 얻어 바로 해탈을 증득합니다. 그래서 여러분이 염불하고 또 염불하면 원한을 지닌 몇몇의 귀신이 찾아오는데, 그들도 모두 왕생하여 해탈을 얻게 됩니다. 그리하여 그들도 모두 이익을 얻기 때문에 "법의 기쁨 골고루 누리네"라고 하신 것입니다.

우리들은 무량겁 이래로 본래의 청정심을 잃어버리고 미혹으로 인하여 살인, 도둑질, 삿된 음행 등의 업을 지어서 일체중생과 풀기 어려운 원한을 맺어왔다. 금생에 다행히 정토법문을 만나 염불하여 서방왕생을 구할 때, 숙세에 우리들과 원한을 맺은 중생들이 아직도 고해에 빠져서 우리들이 염불수행을 하여 삼계를 벗어나고자 하는 것을 보고는, 그들이 반드시 와서 혼란케 하며 숙세의 원한을 갚기를 바랄 것이다. 이때 우리들은 마땅히 염불한 공덕을 그들에게 회향하여 그들로 하여금 아미타불의 자비광명의 가피를 함께 우러르며 고뇌에서부터 해탈하여 골고루 법희의 혜택을 받도록 해야 한다. 그러므로 "한마디 아미타불 풀기 어려운 원한을 푸나니, 자비광명 함께 우러르며 법의 기쁨 골고루 누리네"라고 하신 것이다.

제88게송

一句彌陀 報未報恩 (일구미타 보미보은)
裂纏綿網 入解脫門 (열전면망 입해탈문)

한마디 아미타불
갚지 못한 은혜 다 갚으니
번뇌의 그물망을 찢어버리고
해탈의 문으로 들어가네.

여러분이 한마디 아미타불을 염불하여 상응함을 얻으면 바로 아직 갚지 못한 모든 은혜, 즉 과거 사람들로부터 자신이 은혜를 입은 것을 모두 갚을 수 있습니다. 여러분들은 이 모두를 법계에 회향할 수 있고 무량한 중생을 이롭게 할 수 있습니다. 그래서 갚지 못한 은혜도 모두 갚을 수 있다고 하신 것입니다. 게다가 "번뇌의 그물망을 찢어버립니다." 무엇을 '번뇌의 그물망'이라 합니까? 갖가지 감정(애정)으로 인한 집착을 말합니다. 번뇌의 그물망은 우리 안에 있습니다. 우리들은 염불을 통하여 이러한 번뇌의 그물망을 모두 '찢어버릴' 수 있습니다. 그래서 "해탈의 문으로 들어가" 삼계를 초월할 수 있습니다.

우리들이 초월할 수 없도록 만드는 것들의 하나는 원한의 업이요, 하나는 감정입니다. 우리들이 그들에게 빚진 것, 또 우리들이 사로잡혀 있는 것, 다른 사람들이 여러분을 붙잡고 있는 것, 또 몇 가지 끝내지 못한 인연들이 모두 우리들의 장애가 되고 해탈을 획득하지 못하게 합니다. 하지만 염불을 통해서 일체 원한의 업을 갚을 수 있고 또한 은덕도 갚을 수 있습니다. 우리들이 그들에게 빚지고 있는 은혜와 그들에게 빚지고 있는 원한은 모두 갚아버려야 합니다. 다 갚은 이후에는 번뇌의 그물망에서 나와 해탈의 문으로 들어갑니다.

연지 대사께서 이르시길 "부모님께서 세속의 번뇌를 여의어야 자식의 도리가 비로소 성취된다"라고 하셨다. 다생다겁의 육도六道 가운데 부모님의 다함없는 은혜를 갚고자 한다면, 자식된 자는 모름지기 경건히 정성을 다하여 염불하여야 하고, 아침저녁으로 숙세의 부모님들께 회향함으로써 그분들로 하여금 깊은 번뇌의 그물망을 찢어버리고 함께 해탈의 문에 들어가게 해야 할 것이다. 그러므로 "한마디 아미타불, 갚지 못한 은혜 다 갚으니, 번뇌의 그물망을 찢어버리고 해탈의 문으로 들어가네"라고 하신 것이다.

제89게송

一句彌陀 空諸惡趣 (일구미타 공제악취)
萬德洪名 那容思議 (만덕홍명 나용사의)

한마디 아미타불
모든 악취를 텅 비게 하니
온갖 덕을 갖춘 위대한 명호
어찌 생각이나 의론을 용납하랴.

한마디 아미타불로 염불하여 상응함을 얻을 때 악취(惡趣, 삼악도)까지도 모두 텅 비게 합니다. 축생·귀신·지옥 삼악도의 악취가 모두 텅 비워질 것입니다. 그래서 "온갖 덕을 갖춘 위대한 명호, 어찌 생각이나 의론을 용납하랴"라고 하신 것입니다. 그것은 불가사의합니다. 당연히 부처님 명호가 온갖 공덕을 대표하는 것도 이와 같습니다. 만약 일종의 주문이라 해도 이와 같이 마찬가지로 불가사의합니다. 그렇지만 정토종은 부처님 명호를 으뜸으로 삼기 때문에 부처님 명호를 부르라고 말하는 것입니다.

한마디 아미타불은 온갖 덕을 갖춘 위대한 명호이다. 믿음과 발원을 간절히 하고 육근을 모두 거두어들여서 청정한 생각이 이어지면 결정코 극락세계에 왕생한다. 한 번 저 국토에 오르면 삼계三界와 길이 안녕을 고하고 악취를 영원히 이별한다. 극락국토에는 삼악도가 없기 때문이다. 더욱이 악취라는 이름도 없는데 하물며 실제로 있겠는가? 그런즉 이 온갖 덕을 갖춘 위대한 명호가 어찌 불가사의하지 않겠는가? 그러므로 "한마디 아미타불, 모든 악도 텅 비게 하니, 온갖 공덕 갖춘 위대한 명호, 어찌 생각이나 의론을 용납하랴"라고 하신 것이다.

제90게송

一句彌陀 機逗人天 (일구미타 기두인천)
參差三輩 掩映九蓮 (참차삼배 엄영구련)

한마디 아미타불
근기는 인천에 걸맞다네.
셋으로 구별된 삼배이니
서로 어울려 구품연화라.

한마디 아미타불, "근기는 인천에 걸맞다네." 이것은 그 근기는 은혜를 베푸는 사람과 천신에 걸맞음을 말합니다. 사람이든 천신이든 막론하고 모두 염불하여 상응할 수 있습니다. 그것은 "셋으로 구별된 삼배이니." 상중하의 세 가지 근기가 또한 "서로 어울려 구품연화"를 이룹니다. 이는 바로 상중하 세 가지 근기 가운데는 구품의 연화가 있는데, 구품연화의 품위가 서로 같지 않음을 말합니다.

"한마디 아미타불, 근기는 인천에 걸맞다네." 정토법문은 상중하의 세 근기를 두루 가피하고 이근과 둔근을 전부 거둔다. 육도六道 가운데 더욱 인도와 천도의 근기에 가장 계합한다. 무슨 까닭인가? 삼악도의 중생은 고통에 놀라서 핍박을 받고 놀라서 닦아 지닐 겨를이 없다. 아수라들은 성냄과 질투의 번뇌로 인해 또한 마음을 놓을 수 없다. 따라서 염불법문을 믿고 받들 수 있는 것은 오직 인도와 천도뿐이다. 그러므로 "한마디 아미타불, 근기는 인천에 걸맞다네"라고 하신 것이다.

"셋으로 구별된 삼배이니, 서로 어울려서 구품연화라." 이 말을 『무량수경無量壽經』에 의거하여 말하면 다음과 같다. "정업행자가 왕생하면 상중하의 삼배로 구분되는데, 모두 염불의 공덕과 수행이 깊고 얕음에 따라 같지 않다. 광명이 서로 어울려 돋보이면서 미묘하고 정결한 향의 깨끗한 구품연화가 각각 그 가운데 하나의 가지에 의탁한다." 우익 대사께서는 "품위의 높고 낮음은 전적으로 명호 수지의 깊고 얕음에 달려 있다"라고 말씀하셨다. 그러므로 "셋으로 구별된 삼배이니, 서로 어울려서 구품연화라"라고 하신 것이다.

제91게송

一句彌陀 化兼小聖 (일구미타 화겸소성)
回狹劣心 向無上乘 (회협렬심 향무상승)

한마디 아미타불
소승의 성인도 겸하여 교화하니
용렬한 마음을 돌려
위없는 대승으로 향한다네.

아미타불의 바른 근기(正機)는 인천에 걸맞을 뿐만 아니라 동시에 "소승의 성인도 겸하여 교화"합니다. 소승의 성인은 바로 아라한·성문·벽지불인데, 그들로 하여금 소승에서 마음을 돌려 대승으로 향하게 하고 정토로 회귀시킬 수 있습니다. "용렬한 마음을 돌려"는 자신만을 제도하고 자력으로 성취하려는 마음을 돌려 위없는 대승으로 방향을 바꾸는 것입니다. 그래서 그들도 또한 서방정토에 왕생하길 구할 수 있다고 말한 것입니다.

이 게송에서는 서방정토가 대승의 정토이고, 극락정토는 대승의 경계임을 밝히고 있다. 그러므로 세친보살께서는 『왕생론往生論』에서 "대승 선근의 경계라, 이승의 종자는 왕생하지 못한다(大乘善根界 二乘種不生)"라고 말씀하셨다. 성문과 연각의 이승의 사람들은 극락정토에 왕생하는 법이 없다고 여긴다. 다만 이승의 사람들이라도 소승을 돌려서 대승으로 향한다면, 즉 마음을 돌려 소승이 오직 자신만을 제도하는 용렬한 마음임을 알아서 무상도를 구하는 대승심으로 향하고, 왕생하기를 발원한다면 바로 왕생할 수 있다. 그러므로 "한마디 아미타불, 소승의 성인도 겸하여 교화하니"라고 하신 것이다.

"용렬한 마음을 돌려 위없는 대승으로 향한다네." 이에 대해 혹자는, '극락정토에는 이승이 왕생할 수 없지만 소승을 돌려서 대승으로 향하면 왕생할 수 있다고 한다. 만약 그렇다면 그 수가 헤아릴 수 없이 많을 것인데, 이는 어찌된 일인가?'라고 묻기도 한다. 이는 『아미타경』에서 "저 부처님에게는 무량무변의 성문 제자가 있으니 모두 아라한이라, 그 수는 헤아려서는 알 수 있는 바가 아니다"라고 설하신 것과 같다.

우익 대사께서는 『아미타경요해』 중에 이를 해석하여 이르시길, "타방세계에서 자신의 법에 집착하는 정성이승(定性二乘: 성문과 연각으로 확정된 수행자)은 극락세계에 왕생할 수 없다. 만약 먼저 소승을 익히다가 임종 때에 보리로 회향하여 큰 서원을 일으킨 자가 저 국토에 왕생하고 나면, 아미타불께서 근기에 수순하여 설법을 하시어 견사번뇌를 끊도록 하신다. 이름만 아라한일 뿐, 그 지위는 이미 견혹과 사혹을 끊은 별교의 칠주七住보살과 같아서 실제로는 소승과의 아라한이 아니다"[122]라고 하셨다.

122 『阿彌陀經要解』, "他方定性二乘 不得生極樂淨土 若先習小乘 臨終時 回向菩提發大誓愿者 生彼國已 彌陀順機說法 令其先斷見思. 名之爲羅漢 其地位已與斷見思惑之別教七住菩薩同 實非是小果羅漢也."

제92게송

一句彌陀 超然無礙 (일구미타 초연무애)

文殊普賢 大人境界 (문수보현 대인경계)

한마디 아미타불
초연하여 걸림이 없나니
문수보살, 보현보살
대인의 경계일세.

한마디 아미타불은 초연하여 걸림이 없습니다. 무엇을 보고 초연하여 걸림이 없다고 하는 걸까요? 머무는 곳마다 모두 정토이고, 서방정토가 바로 지금 여기에 있으며, 그것은 일체의 것을 초월합니다. "초연하여 걸림이 없나니"란, 이곳으로 들어가 저곳으로 나오고, 이곳에서 나와 저곳으로 들어가는데, 이렇게 두루 들어가고 두루 나와서 걸림이 없다는 말입니다. 정토는 바로 화장세계해이며, 화장세계해는 바로 정토이므로 그것은 걸림이 없습니다. 사바세계도 바로 정토이고 바로 화장세계해입니다. 이를 일러 '초연하여 걸림이 없다'고 말합니다. 이것이 바로 "문수보살과 보현보살과 같은 대인의 경계"입니다.

"한마디 아미타불, 초연하여 걸림이 없나니"란 말은, 염불법문이 모든 근기를 두루 거둠을 찬탄하고 있다.[123] 인광 대사께서 이르시길 "정토법문은 광대하여 바깥이 없으니, 마치 하늘이 두루 덮고 땅이 고루 떠받침과 같아 모든 근기를 빠짐없이 다 거둔다는 것을 알아야 한다. 참으로 시방삼세 일체제불께서 위로는 불도를 이루고 아래로 중생을 교화하여 처음과 끝을 이루는 총지법문이라고 말할 수 있다. 상중하의 세 근기를 두루 가피하고 이근과 둔근을 전부 거두니, 위로는 등각等覺보살도 그 바깥을 뛰어넘지 못하고, 아래로 오역죄를 지은 악한 범부도 역시 그 가운데 참여할 수 있다"라고 하셨다. 그러므로 "한마디 아미타불, 초연하여 걸림이 없다"라고 하신 것이다.

"문수보살, 보현보살, 대인의 경계일세." 이 구절은 두 보살께서 증인이 되어 정토법문을 찬탄하고 극락정토 왕생을 구하니, 이는 바로 등각보살이 신속히 불도를 성취하는 대승의 수승한 행임을 말한다.

『관불삼매경觀佛三昧經』에서 문수보살께서는 게송을 지어 말씀하셨다.

> "원컨대 제가 목숨이 다할 때 모든 장애를 소멸하여 눈앞에서 아미타불을 친견하고 안락찰토에 왕생하게 하소서(願我命終時 滅除諸障礙 面見彌陀佛 往生安樂刹)."

『화엄경보현보살행원품華嚴經普賢行願品』에서도 보현보살께서 게

---

123 여기서는 정토법문이 문수보살이나 보현보살과 같은 등각보살까지도 두루 거둔다고 해석한다.

송을 지어 말씀하셨다.

"원컨대 제가 목숨이 다할 때 일체 모든 장애를 다 제거하여 눈앞에서 저 아미타불을 친견하고 곧 안락찰토에 왕생하게 하소서(願我臨欲命終時 盡除一切諸障礙 面見彼佛阿彌陀 卽得往生安樂刹)."

제93게송

一句彌陀 微妙難思 (일구미타 미묘난사)
唯佛與佛 乃能知之 (유불여불 내능지지)

한마디 아미타불
미묘하여 사유하기 어려우니
오직 부처님과 부처님만이
이를 알 수 있다네.

이 경계는 무슨 경계입니까? 바로 상적광常寂光의 경계입니다. 한마디 '아미타불'은 "미묘하여 사유하기 어렵기" 때문에 상적광입니다. 그래서 "오직 부처님과 부처님만이 능히 이를 알 수 있다"라고 하신 것입니다. 『법화경』에서 설하는 것과 같이 제법실상은 오직 부처님과 부처님만이 능히 알 수 있는 경계입니다.

"한마디 아미타불, 미묘하여 사유하기 어렵우니"란 문구와 관련하여 인광 대사께서 이르시길, "염불이란 이 하나의 법은 여래의 온갖 덕을 갖춘 위대한 명호(萬德弘名)를 인연으로 삼았다. 곧 이 온갖 덕을 갖춘 위대한 명호는 여래의 과지果地에서 증득하신 위없는 깨달음의 도이다. 과지의 깨달음으로써 인지因地의 마음으로 삼는 까닭에, 인因은 과보의 바다에 갖추어져 있고 과보는 인因의 근원에 철저하게 사무쳐 인과 과가 서로 통하니(交徹) 생각 생각마다 곧 부처이니, 가장 직접적인 지름길이자 원돈법문(直捷圓頓)이며 불가사의하다"라고 하셨다. 그러므로 "한마디 아미타불, 미묘하여 사유하기 어려우니"라고 말씀하신 것이다.

"오직 부처님과 부처님만이 능히 이를 알 수 있다네"란, 아미타불은 법계장의 몸(法界藏身)이시며, 실상을 체로 삼으신다. 한마디 아미타불을 염불하는 주체인 마음은 곧 일심삼관一心三觀이다. 염불의 대상인 부처님 명호는 곧 일경삼제一境三諦이다. 일심삼관과 일경삼제가 둘이 아니니 바로 제일의제第一義諦이고 제법실상諸法實相이다. 『법화경』에서는 "오직 부처님과 부처님만이 능히 제법실상을 다 알 수 있다(唯佛與佛乃能究盡 諸法實相)"라고 말씀하셨다. 그러므로 "오직 부처님과 부처님만이 능히 이를 알 수 있다네"라고 하신 것이다.

제94게송

一句彌陀 列祖奉行 (일구미타 열조봉행)
馬鳴造論 龍樹往生 (마명조론 용수왕생)

한마디 아미타불
역대 조사 봉행하셨나니
마명보살 논을 지으시고
용수보살 왕생하셨네.

한마디 '아미타불'은 역대 조사들께서 모두 봉행하셨습니다. 마명보살馬鳴菩薩께서는 『대승기신론大乘起信論』을 지어 중생들을 극락으로 돌아가도록 인도하셨습니다. 마명보살께서는 이 책의 말미에서, 너무나 많은 허약한 중생들이 의지할 곳이 없으므로 극락세계에 도달하여야 하니, 서방극락에 왕생하길 구하라고 말씀하셨습니다. 용수보살께서도 『왕생집往生集』에서 서방극락에 왕생하길 구하셨다고 나와 있습니다.

정토의 취지(大致)는 석존께서 방등경에서 처음 제창하신 것으로,

법문이 너르고 큰 까닭에 가피를 받지 못하는 근기가 없다. 그래서 역대 조사와 선지식들께서는 혹은 경전에 소를 달고 논을 저술하여 홍양弘揚하거나, 혹은 스스로 행하고 타인을 교화하며 염불하여 청정한 범행梵行이 서로 눈부시게 빛났던 것이다. 그러므로 "한마디 아미타불, 역대 조사 봉행하셨나니"라고 하신 것이다.

"마명보살 논을 지으시고 용수보살 왕생하셨네." 마명보살은 『대승기신론』을 지어 불법의 강요綱要로 삼았다. 그 말미에 이르시길 "다시 중생이 처음 이 법을 배워 바른 믿음을 구하고자 하되, 그 마음이 겁약해서 이 사바세계에 머물러 항상 모든 부처님을 항상 만나 친히 받들어 공양하지 못할까 두려워하고 신심信心을 성취하기 어려울까 두려워하며 뜻이 물러가려고 하는 이는 마땅히 부처님께서 좋은 방편으로 그 신심을 거두어 보호하심을 알라. 이른바 뜻을 오롯이 하여 염불한 인연으로 원願을 따라 타방불토에 왕생하여 항상 부처님을 뵈옵고 영원히 악도惡道를 떠나게 되리라. 경전에서 말씀하신 것과 같이, 만일 사람이 오롯이 서방극락세계의 아미타불을 염하고 닦은바 선근을 회향하여 저 세계에 왕생하길 원하면 곧 왕생을 얻어 항상 부처님을 뵙게 되므로 마침내 어떠한 물러남도 없다"[124]라고 하셨다.

용수보살의 왕생 이야기는 『능가경楞伽經』에 나온다. "부처님께서 대혜에게 이르시길 '대명덕이란 비구는 그 호를 용수라 하는데, 보살초

---

124 『大乘起信論』, "復次衆生初學是法 欲求正信 其心怯弱 以住于此娑婆世界 自謂不能常値諸佛. 懼爲信心難可成就 意欲退者. 當知如來有勝方便 攝護信心. 謂以專意念佛因緣 隨願往生. 常見于佛 永離惡道. 如修多羅說 若人專念西方極樂世界阿彌陀佛 所修善根 回向願求生彼世界 卽得往生. 常見佛故 終無有退."

지인 환희지를 얻어 안락국에 왕생하리라(佛告大慧 大名德比丘 厥號爲龍樹. 得初歡喜地 往生安樂國)'라고 하셨다." 그러므로 "마명보살 논을 지으시고 용수보살 왕생하셨네"라고 하신 것이다.

제95게송

一句彌陀 因緣時節 (일구미타 인연시절)

異香常聞 蓮社創結 (이향상문 연사창결)

한마디 아미타불
인연시절 도래하여
연사 짓고 결사하니
기이한 향, 항상 들렸네.

한마디 아미타불 인연시절 도래하니, 기이한 향이 항상 풍겼습니다. 여산廬山 혜원慧遠 대사는 여산에 계시며 연사蓮社를 창건하시고 123명과 결사하여 정토종을 창립하셨습니다. "기이한 향, 항상 풍겼다"는 말은 서방정토의 기이한 향이 항상 풍겼다는 말입니다.

이 게송에서는 정토염불 법문의 연기를 밝히고 있다. 정토염불결사는 진晋나라 때 혜원 법사로부터 비롯한다. 법사의 성은 가賈씨이고 안문雁門의 누번樓煩 사람이다. 태행산맥의 항산恒山에 계시는 도안道安 법사가 반야경을 강의하는 것을 듣고 멀리서 찾아가 귀의하였다.

그리하여 활연히 툭 트여 깨닫게 되었다. 이로 인해 출가하여 수업을 받고 정밀하게 사유하고 풍송(諷誦: 음율에 있어 높낮이에 의한 억양을 주고 멈추었다 꺾었다 하면서 독송함)하며 밤낮을 계속하였다. 도안 법사는 "이 나라(東晉)에 불법이 퍼짐은 혜원 그대에게 달려 있다"라고 찬탄하였다.

진나라 태원太元 6년(381) 심양潯陽을 지나다가 여산廬山에 가보니, 사람이 살지 않고 넓어서 머물 만했다. 처음에는 도반인 혜영慧永 법사가 멀리 여산 서림西林에 거하였는데, 그 머무는 곳에 들어가 보면 기이한 향이 풍겨 이로 인해 향곡香谷이라 불렀으니, 곧 그 사람됨을 가히 알 수 있었다. 혜영 법사가 혜원 법사를 불러 함께 머무니, 멀리서 배우는 사람들이 점차 무리를 이루어 서림이 좁아 수용할 수 없었다. 자사刺史인 환이桓伊가 혜원을 위하여 다시 항산의 동쪽에 절을 세우니 동림東林이라 불렀다. 혜원은 여기서 무리를 이끌고 도를 행하였으며, 연못을 파서 연꽃을 심었다. 못에 백련을 심으니 기이한 향이 멀리까지 풍겼다. 이에 이미 사방에 맑은 믿음을 가진 거사들이 소문을 듣고 도착한 이가 123인이었고, 뛰어나게 덕이 높은 현자가 18인이나 되었다. 서방삼성西方三聖의 조상彫像을 짓고 재齋를 건립하고 염불하는 사社를 세워 연사蓮社라 불렀으니, 염불의 효시인 동토결사東土結社를 연 시절인연이 이와 같았다. 그러므로 "한마디 아미타불, 인연시절 도래하여, 연사 짓고 결사하니 기이한 향 항상 풍겼네"라고 하신 것이다.

제96게송

一句彌陀 利大象龍 (일구미타 이대상룡)
永明禪伯 智者教宗 (영명선백 지자교종)

한마디 아미타불
용상대덕을 크게 이롭게 하였나니
영명은 선백이요
지자는 교종의 종주라.

한마디 아미타불 "용상대덕을 크게 이롭게 하였나니"에서 '용상대덕'은 종문의 용상龍象으로 조사를 말합니다. 조사 영명연수永明延壽 선사는 선백禪伯으로 그에게는 『종경록宗鏡錄』, 『만선동귀집萬善同歸集』, 『유심결唯心訣』 등의 저술이 있습니다. 그의 영향력은 매우 지대하여 선문에서는 그를 스승의 맏이(師伯)라는 뜻으로 '선백禪伯'이라 불렀습니다. 그러한 그가 또한 정토를 제창하였으니, 『만선동귀집』이 곧 염불을 제창한 저술입니다.

"지자는 교종의 종주라." 지자대사는 일체 교종의 종주宗主입니다. 그의 오시팔교五時八教의 판석判釋이 모든 교판판석 중에서 가장 뛰어난 것입니다. 그래서 그를 교하敎下의 종주(敎宗)라고 말합니다. 그렇게 그분들은 모두 정토로 회귀하신 조사들입니다.

정토법문은 한마디 아미타불 명호를 종지로 삼는다. 곧 과지果地의 깨달음으로써 인지因地의 마음과 계합하는 것이다. 인因은 결과의 바다에 갖추어져 있고, 결과는 인因의 근원에 철저하게 사무쳐 있기에 지극한 원돈법문이자 지극한 요의법문이다. 이런 까닭에 역대 법문의 용상龍象과 모든 종파가 다함께 받들어 은밀히 수행하였던 것이다. 진헐청료(眞歇淸了, 1089~1151) 선사께서는 "진실로 염불법문은 수행의 지름길이요, 대장경의 가르침을 바로 따르는 것이니, 상상근기를 접인하고 중하근기도 곁으로 끌어들인다"라고 말씀하셨다. 또한 "부처님이나 조사들께서 교敎에 있거나 선禪에 있거나 모두 정업淨業을 닦아 모두 하나의 근원으로 돌아가셨으니, 이 문에만 들어가면 무량법문을 모두 다 증입證入할 수 있다"라고 말씀하셨다. 그러므로 "한마디 아미타불, 용상대덕을 크게 이롭게 하였나니"라고 하신 것이다.

"영명은 선백이요, 지자는 교종의 종주라." 이 두 문구에서는 그 증명으로 두 스승의 사례를 들었다. 영명연수 선사는 전당錢唐의 왕씨 자손으로 어릴 적 『법화경』을 독송하였다. 전당의 문목왕文穆王 때 세무稅務일을 맡았는데, 관가의 돈을 방생하는 데 다 탕진해 그 죄로 사형을 당할 처지가 되어 저자거리로 끌려갔다. 사건을 담당한 사람이 이를 바라보니 얼굴색이 변하지 않자 풀어주라고 명했다. 사명취함四明翠巖 선사에게 출가하였고, 다시 천태덕소天台德韶 국사國師에게 참예하여 심요心要를 밝혔다. 일찍이 국청사國淸寺에서 법화참法華懺을 행하다가 선관禪觀 중에 관음보살을 뵙고 감로로 그 입에 관정을 받았는데, 이로 인해 변재辯才를 얻었다. 지자선원智者禪院에 올라가 두 개의 제비를 만들어 하나는 일심一心으로 선정禪定을 닦는다고 말하고, 하나는 만행萬行으로 정토淨土를 장엄한다고 말했다. 그윽한 마음으로 정성을 다해 기도하여 일곱 번의 제비를 뽑았는데 모두 정토를 얻었다. 그리하여 한뜻으로 정업淨業을 닦았다. 나중에 (영명에 살면서) 하루에 108가지의 일을 일과로 정해 놓고 실천하였으며, 밤에는 별봉別峰에 올라 길을 걸으면서 염불하니 곁에 있던 사람들이 때때로 나패螺貝 등의 천상음악 소리를 듣곤 하였다. 『법화경』을 1만 3천 번 독송하였으며, 귀신에게 시식施食을 베풀고 뭇 생명을 방생하여 그 공덕을 모두 정토로 회향하였다. 『종경록宗鏡錄』 1백 권을 저술하여 천태天台·현수賢首·자은慈恩의 같고 다른 종지(旨)를 회집하였다. 또한 『만선동귀집』을 저술하여 정토로 돌아가게 하였으니, 그 말이 매우 간절하다. 일찍이 사료간四料簡을 지어 다음과 같이 읊었다.

有禪有淨土 선정수행도 있고 정토수행도 있으면
猶如戴角虎 마치 뿔난 호랑이 같이
現世爲人師 지금 세상에서 인간의 스승이 되고
將來作佛祖 내생에는 부처와 조사가 된다.

無禪有淨土 참선수행이 없어도 정토수행만 있으면
萬修萬人去 만 사람이 닦아서 만 사람이 극락에 가니
但得見彌陀 다만 아미타불을 뵈면

何愁不開悟 어찌 깨닫지 못할 것을 근심하랴.

有禪無淨土 참선수행은 있되 정토수행이 없으면
十人九蹉路 열 사람 중 아홉은 길에서 넘어지나니
陰境若現前 중음中陰의 경지가 눈앞에 현전하면
瞥爾隨他去 별안간 딴 것에 홀려 따라가네.

無禪無淨土 선정수행도 없고 정토수행도 없으면
鐵牀併銅柱 무쇠평상에 누워 구리기둥 안은 격이니
萬劫與千生 만겁의 세월과 천번의 생이 지나도록
沒個人依怙 믿고 의지할 사람 하나 없네.

개보開寶 8년(975) 2월 26일 향을 피워 대중에게 고하고 가부좌한 채 입적하셨다. 서방의 상상품으로 왕생하여 저승 명부冥府의 존경을 받았다.

천대지자 대사는 이름이 지의智顗이고 성은 진陳씨이며 영천穎川 사람이다. 어머니가 임신하여 오색의 향연香煙이 몸을 두르는 태몽을 꾸고 태어나니 광명이 방안에 가득했고, 아이의 눈동자는 겹눈동자이었다. 18살에 상주湘州 과원사果愿寺로 출가하였다. 광주光州 대소산大蘇山 혜사慧思 선사를 찾아가 인사를 올리니 혜사 선사가 한 번 보고 말하길 "옛날 영산회상에서 『법화경』을 같이 들은 숙세의 인연을 따라 지금 다시 만났구나"라고 하셨다. 이후 『법화경』을 독송하던 중 「약왕품藥王品」의 "이것이 정진이고 이를 이름하여 여래께 드리는 참된 법공양이라 하니라(是精進 是名眞法供養如來)"라는 문구에 이르러 신심이 확 트여 고요해지며, 선정에 들어 법화를 명료하게 깨닫고 제법의 실상을 요달하여 천태의 제4조가 되었다. 진 양광(楊廣, 수양제)은 그에게 보살계를 받고 '지자智者'란 명호를 주어 받들었다.

대사는 일찍이 『정토십의론淨土十疑論』을 저술하여 말씀하시길 "서방극락에 꼭 왕생하고자 하는 자는 두 가지 행을 갖추면 반드시 그곳에 왕생할 것이다. 하나는 (사바세계를) 싫어 떠나려는 행이고, 둘은 (극락세계 왕생을) 기꺼이 원하는 행이다(欲定生西方者 具二種行 定得生彼 一厭離行 二欣願行)"라고 하셨다.

개황開皇 17년(597) 11월 20일 신창新昌 석성사石城寺에서 제자에게 일러 말씀하길 "나는 여기서 죽는다"라고 하셨다. 임종하실 때 동쪽 벽에 상을 차리고 서방을 향해 오롯이 아미타불·반야관음을 칭명하며 『무량수경』 및 『관경』의 제목을 부르고 마치고는 찬탄하여 말씀하셨다.

"사십팔원 장엄정토 연꽃연못 보배나무
가는 길 쉬우나 가는 사람이 없구나.
지옥으로 가는 불수레(火車)가 나타날 적
한 생각에 참회하는 사람도 오히려 왕생하거늘
하물며 계정혜戒定慧를 오래 닦은 사람이랴.
나의 여러 스승님과 벗님들은
지금 관세음보살과 대세지보살을 따라
모두 나를 맞이하러 오시는구나."[125]

말씀을 마치시고 삼매에 든 것처럼 가부좌한 채 입적하셨다.

125 四十八願 莊嚴淨土 華池寶樹 易往無人
火車相現 一念改悔者 尙得往生 況戒定慧熏修乎
吾諸師友 今從觀音勢至 皆來迎我

제97게송

一句彌陀 咸應非輕 (일구미타 함응비경)

少康化佛 善導光明 (소강화불 선도광명)

한마디 아미타불

모두 감응이 가볍지 않나니

소강 법사 화불 뵙고

선도 대사 광명 놓았네.

한마디 '아미타불'은 감응이 가볍지 않습니다. 소강少康 법사께서는 그 당시 (선도 화상의) 「서방문西方文」을 보셨고, 선정 중에 부처님께서 방광하시며 오심을 보았습니다.

선도善導 대사는 시간이 갈수록 한마디 부처님 명호를 염하면 한 줄기 광명이 나왔고, 그 광명 속에 모두 부처님 한 분이 계셨습니다. 대사께서는 "여러분이 나의 광명을 보고 부처님을 친견한 사람은 능히 왕생할 수 있다"고 하셨습니다. 그래서 결과적으로 매우 많은 사람들이 마침내 왕생하였습니다. 그래서 이를 "선도광명善導光明"이라 합니다.

소강 법사께서 화불化佛을 친견한 이야기를 하자면 이러하다. 당나라 소강 법사는 성이 주周씨이고 진운縉雲 선도산仙都山 사람이었는데, 태어나서 말을 하지 못했다. 7세에 영산사靈山寺에 들어가 예불禮佛하였다. 그때 모친이 부처님을 보고 누구신지 아느냐고 물었다. 그때 홀연히 말문이 터지면서 '석가모니불'이라 말했다. 부모님이 마침내 놓아주니 출가하였다. 정원貞元 초에 낙양 백마사白馬寺에 들렀을 때 전각 가운데 문자가 방광하는 것을 보고는 찾아보니 곧 선도善導 화상의 「서방화도문西方化導文」이었다. 소강 법사는 "만약 정토에 인연이 있다면 이 문자가 다시 방광을 나투게 하소서"라고 축원하며 말하였다. 말을 마치니 광명이 다시 번쩍 빛났다. 마침내 장안長安 광명사光明寺로 가서 선도 화상의 영정을 모신 곳(影堂)에 예배하였다. 그때 홀연히 선도 화상의 영정이 공중으로 솟아오르면서 일러 말씀하시길 "너는 나의 가르침에 의지하여 널리 중생들을 교화하라. 다른 날 일을 마친 후에 반드시 극락(安養)에 왕생할 것이다"라고 하였다.

남으로 강릉江陵에 이르자 우일遇一 법사께서 "그대가 남을 교화하고자 한다면 마땅히 신정新定으로 가라. 그곳에 인연이 있으리라"라고 일러주고는 말을 마치고 사라졌다. 신정으로 가서 돈을 구걸하는 어린 애들을 달래어 염불하게 하였는데, 염불을 한 번 부르는데 한 푼씩 돈을 주었다. 이와 같이 일 년여가 되자 평범한 남자와 여자, 젊은이와 늙은이를 막론하고 소강 법사를 보는 자는 모두 아미타불을 불렀으며, 염불하는 소리가 거리에 가득 찼다. 또한 오룡산烏龍山에 정토도량을 세우니 믿음이 좋은 이들이 모두 모였는데, 교화를 받은 사람이 삼천 명이나 되었다. 매번 자리에 올라 큰소리로 부처님을 부르니 대중이 같이 함께 염불하였다. 소강 법사께서 한 번 부르면 한 부처님이 입에서 나왔고, 열 번 부르면 열 분 부처님이 나오는 것이 마치 구슬을 꿰는 것과 같았다. 소강 법사는 대중들에게 "여러분 가운데 부처님을 보는 자는 반드시 왕생할 것입니다"라고 말했다. 21년 10월 3일, 출가자와 재가자(道俗)들에게 부촉咐囑하여 이르시길 "마땅히 정토에 대해서는 날로 증진하는 마음(增進心)을 일으키고, 염부제(사바)에 대해서는 싫어서 떠나려는 마음(厭離心)을 내십시오"라고 말했다. 법사께서는 몇 줄기의 기이한 광명을 발하시고 입적하였다.

"선도광명"에 대해서 말하자면, 선도 대사께서는 그 출신이 분명치 않다. 정관(貞觀: 당태종 시기) 연간에 서하西河 도작道綽 선사의 정토 구품도량을 보고는, "이것이 참으로 부처에 들어가는 진요(津要: 중요한 길)이니, 다른 행업行業을 닦아서는 한쪽으로 치우쳐서 성취하기 어렵고 오직 이 법문이라야 속히 생사를 뛰어넘으리라"라고 기뻐하며 말하였다. 이에 온 힘을 다 바쳐 힘써 매진하면서 주야로 예송하였다. 서울로 돌아와서 사부대중을 격발시켰다. 매일 법당에 들어와 장궤長跪한 채 부처님을 불렀는데, 힘이 다하지 않으면 쉬지 않았다. 밖에 나가면 정토법문을 연설하였다. 30여 년 동안 잠을 자지 아니하며, 계품戒品을 호지護持하되 털끝만큼이라도 범하지 않았으며, 좋은 음식은 대중에게 주고 거친 음식은 자신이 먹으며, 지니고 있는 것을 모두 베풀었다. 『아미타경』 10만여 권을 사경하고, 정토변상도淨土變相를 300점 그렸으며, 탑사塔寺를 수선하고 지었으며, 연등을 계속 밝히니 출가자와 재가자들이 매우 따르고 감화를 받아 화합중和合衆을 이루었다.

어떤 이가 "염불하면 정말로 정토에 왕생합니까?"라고 물었다. 대사께서는 "그대가 염불한 대로 그대가 소원한 것을 이루리라"라고 답하였다. 대사께서 이에 스스로 한 번 염불하니 한 광명이 입에서 나오고, 열 번에서 백 번까지 염불하니 광명 또한 그와 같았다.

어떤 이가 묻기를 "어째서 사람들에게 관상염불(作觀)을 하지 말고 오로지 칭명염불(專稱名號: 오로지 아미타불 명호만 부르는 수행)만 하라고 가르치십니까?" 하였다. 대사께서는 답하시길 "중생은 업장은 무겁다. 경계는 세밀한데 마음은 거칠기에 식신識神이 흩날려서 관상염불로는 성취하기 어렵다. 이 때문에 대성께서 자비로 가련하게 여기시어 오로지 칭명염불을 하라고 권하신 것이다. 칭명염불은 쉽기 때문에 염불이 끊이지 않고 이어지면(상속) 곧 왕생한다. 만약 생각마다 상속하여 목숨이 다할 때를 기약할 수 있다면 열 명이면 열 명 모두 왕생하고, 백 명이면 백 명이 모두 왕생한다"라고 하였다.

대사께서 하루는 홀연히 다른 사람에게 말씀하셨다. "이 몸이 싫어서 나는 이제 서방 세계로 돌아가련다." 그리고 절 앞에 있는 버드나무에 올라가서 서쪽을 향하시고는 "우리 부처님께서 나를 접인하시고 보살들께서 나를 도우시어 나로 하여금 정념正念을 잃지 않고 안양安養에 왕생케 하소서"라고 축원하셨다. 말씀을 마치시고 몸을 던져서 입적하셨다.

아래에 「선도대사임수입관법善導大師臨睡入觀法」을 소개한다.

"정토를 수행하는 사람은 관에 들려 하거나 잠을 자려고 할 때, 일심으로 합장하여 서쪽을 향해 앉거나, 서거나, 무릎을 꿇거나 하여 아미타불과 관세음보살, 대세지보살, 청정대해중보살을 열 번씩 소리 내어 염하여 마친 후 다음과 같이 발원하여 말하라.

제자 ○○○는 지금 생사를 헤매는 범부로 죄와 업장이 깊고 무거워 육도를 윤회하오니, 그 고통은 이루 말할 수 없습니다. 이제 선지식을 만나 아미타불의 명호를 듣잡고, 48원 본원의 공덕에 기대어 일심으로 칭념하여 극락세계에 왕생하기를 원하옵니다. 원컨대 아미타 부처님이시여! 자비로운 마음으로 저를 버리지 마시고, 가련히 여기사 저를 거두어 주소서.

제자 ○○○는 아미타 부처님의 상호와 광명을 알지 못합니다. 원컨대 아미타 부처님께서 나투시어 저로 하여금 친견케 하옵시고, 아울러 관세음보살, 대세지보살, 여러 보살성중을 뵙게 하옵소서. 저 극락세계 가운데 청정한 불토의 장엄과 8만 4천 광명의 묘상妙相 등이 저로 하여금 아미타 부처님을 또렷이 친견케 하옵소서.

발원을 끝내고 정념을 유지한 채 관에 들거나, 또는 잠자리에서 정념을 유지한 채 잠을 자되 다른 말과 다른 생각을 하지 말라. 그러면 혹 발원할 때 바로 보게 되거나, 또는 꿈속에서 볼 수 있게 된다. 단지 애써서 뜻을 하나로 모아 행한다면 반드시 원하는 바대로 성취하리라."

이에 대해 연지 대사께서 부언하시기를 "선도 대사는 옛 대덕들께서 아미타불의 화신이라고 말씀하셨다. 이제 이 발원문을 말씀하셨으니,

정토를 수행하는 사람들은 마땅히 깊이 믿어야 한다. 잠시 잠깐 응험이 없다 하여 쉽게 중지하거나 게으르면 안 될 것이다. 힘써 오래도록 행하여 유지해 나간다면 반드시 정토를 수행하는 데에 공이 헛되지 않을 것이다"라고 하셨다.

원컨대 매일 일과의 후나 또는 잠자기 전에 이를 행하라.

제98게송

一句彌陀 有教無類 (일구미타 유교무류)

雄俊入冥 惟恭滅罪 (웅준입명 유공멸죄)

한마디 아미타불

차별을 두지 않는 가르침이 있나니

웅준은 명부에 들어갔으며

유공은 죄를 멸하였네.[126]

한마디 아미타불, 차별을 두지 않는 가르침이 있습니다. "가르침이 있다(有教)"는 바로 믿음·발원·행 등이 있는 정토교법을 말합니다. "차별을 두지 않는다(無類)." 여러분이 어떤 사람이든 상관이 없습니다. 여러분이 사업을 하든 거지이든 상관없고, 공무원이든 지식인이든 일자무식이든 막론하고 모두 염불할 수 있고 모두 상응할 수 있습니다.

---

126 이 게송의 번역에 대해 「강해」와 「모상기」의 해석이 좀 다르다. 「강해」는 웅준雄俊과 유공惟恭을 글자 그대로 해석하여 '지혜 있는 자', '오로지 공경함'의 의미로 보고 있지만, 「모상기」에서는 웅준과 유공을 사람 이름으로 보아 악인에 대한 왕생사례로 해석하고 있다. 여기서는 「모상기」의 해석을 따라 번역하였다.

그런 까닭에 "웅준은 명부에 들어갔으며"라고 말한 것입니다. 만약 여러분이 "지혜 있는 자(雄俊者)"라면 바로 큰 역량이 있는 사람이고 지혜가 있는 사람이기에 "명冥에 들어갈" 수 있고 상응할 수 있습니다. "명冥"은 명합冥合[127]하여 상응함을 말합니다. 그렇지만 여러분은 "오직 공경해야 죄를 멸할 수 있습니다." 한마디 부처님 명호에 대하여, 아미타불에 대하여 지극히 공경할 수 있어야 무량한 죄를 멸할 수 있습니다.

이 게송에서는 염불법문이 근기를 두루 거두어들임을 밝힌다. "차별을 두지 않고 가르친다." 이 말은 『논어論語』「위령공衛靈公」편에 나온다. 공자께서 가로대 "누구에게도 차별을 두지 않고 가르친다(有教無類)"라고 하였다. 이는 베풀고 교화함에 있어서는 출신과 귀천의 차별 등이 없음을 말한다.

정토법문도 또한 이와 같다. 한마디 아미타불은 상중하 세 근기를 두루 가피하여 위로는 문수보살, 보현보살의 무리와 같은 등각대사等覺大士에서 아래로는 오역십악五逆十惡의 범부까지 아우른다. 『관경』에서 밝힌 바와 같이 오역십악을 지은 사람은 임종 때 지옥 화차火車의 모습이 나타나는 것을 볼지라도 선지식을 만나 그에게 염불을 가르쳐주면 그 사람은 두려움 때문에 필사적으로 염불하여 구제를 구하니, 열 번 염불하든 혹 단지 한 번 염불하든 곧 목숨이 다하는 자는 역시 구품연화의 말품(末品, 하품하생)에 참가할 수 있다. 그러므로 "한마디

127 여기서의 명冥은 명부의 의미가 아니라, 눈에 보이지 않는 그윽한 경지를 말한다. 그리고 명합冥合은 그윽하게 하나로 합해져 막힘이 없는 것을 말한다.

아미타불, 차별을 두지 않고 가르친다"라고 말씀하신 것이다.

"웅준은 명부에 들어갔고, 유공은 죄를 멸하였네." 이 두 문구에서는 왕생의 증명사례로 두 명의 악인을 들었다. "웅준은 명부에 들어갔다"는 사례에 대해서 말하자면, 당唐나라 웅준雄俊 스님은 성은 주周씨이고 성도城都 사람이었다. 강설講說을 잘했으나 계행戒行을 지키지 않았다. 일찍이 환속하여 종군從軍하였고 얼마 뒤에 재차 승려가 되었다. 또한 제법 참회할 줄 알아서 항상 부처님 명호를 지녔다. 대력大歷 연중에 갑자기 죽어서 명부冥府에 들어갔더니 염라대왕이 꾸짖어 책망하며 지옥에 넘겨버리라고 명했다. 이에 웅준 스님은 소리 높여 말하였다. "『관경』에서 이르시기를 오역죄를 지은 자라도 임종할 때 십념十念을 하면 곧바로 왕생할 수 있다고 하였습니다. 웅준은 오역죄를 짓지도 않았으며, 염불의 공덕을 비추어 보면 정토에 왕생함이 합당합니다. 그렇지 않다면 삼세제불의 말씀이 거짓말이 됩니다." 그리고는 곧장 합장하고 염불하였다. 그랬더니 보배 연화대가 홀연히 나타났는데, 그것을 타고 허공을 날아 서방정토로 갔다. 명부에 다녀온 사람이 있었는데, 그 사실이 이와 같음을 전하였다.

"유공은 죄를 멸하였다"는 것에 대해 말하자면, 당唐나라 유공惟恭은 형주荊州 사람이었다. 항상 술과 도박을 일삼았으나 한가할 때면 경전을 독송하고 안양에 왕생하기를 기도하였다. 같은 절에 영귀靈歸라는 자도 있었는데 유공과 같은 부류였다. 마을 사람들이 이들을 두고 말하기를 "영규는 악업이란 악업을 죄다 지었고, 유공은 그에게 뒤지라면 서러울 정도이다. 지옥이 천만 근이나 무거워도 두 사람이 들어가는 것을 마다하지 않을 것이다"라고 하였다. 유공이 듣고서 말하길 "나는 비록 지은 죄로 도망칠 곳이 없더라도 부처님의 위신력에 의지하여 십념十念에 왕생할 것이니, 어찌 다시 악도惡道에 떨어지겠는가"라고 하였다. 하루는 유공이 병이 들었고 영규는 그를 데리고 절로 돌아갔다. 가는 도중에 손에 악기를 쥐고 있는 소년을 보고서 어디서 왔는지 물어보니, 그는 "서방에서 유공 상인上人을 맞이하러 왔습니다"라고 말하였다. 가슴속에서 연꽃을 꺼내니 마치 주먹을 쥔 것처럼 연꽃이 모아져 있었는데, 꽃잎이 나오더니 기이한 광명을 발하면서 절을 향해 날아갔다. 다음 날 절에 도착하니 유공은 이미 사망하였다. 주먹을 쥔 것처럼 연꽃이 모아져 있는 것은 연꽃 봉우리가 아직 열리지 않은 상태이니, 아마도 유공이 하품에 왕생함을 보인 현상일 것이다.

제99게송

一句彌陀 是無上禪 (일구미타 시무상선)

一生事辦 曠劫功圓 (일생사판 광겁공원)

한마디 아미타불
위없는 참선이라.
일생의 일을 끝내고
광겁의 공덕을 원만케 하네.

한마디 아미타불은 위없는 참선입니다. 왜 그럴까요? 연지 대사께서 말씀하시기를 "한마디 아미타불은 확철대오한 사람이 아니고서는 완전히 나타낼 수 없다"[128]라고 하셨습니다. 또한 비유하여 말씀하시기를 "한마디 아미타불을 어떻게 참선과 조화할까?"라고 하시고 또한 "어떻게 이 두 가지 조화가 적절할까?"라고 하셨습니다. 한마디 부처님 명호는 위없는 선종입니다. "일생의 일을 끝내고." 이번 일생에서 능히

128 철오 선사께서는 "이 말은, '이 법은 상근기의 확철대오한 자가 아니고는 원융하게 완전히 드날릴 수 없다(此法非上根大徹大悟者 不能圓融全彰)'는 말이다"라고 직접 주석하셨다.

성취할 수 있으니, 일생의 대사를 끝마칠 수 있습니다. "광겁의 공덕을 원만케 한다"라는 말은 광겁 이래로 수행한 공덕을 이번 일생에 원만히 이룬다는 말입니다.

이 게송에서는 염불법문이 곧 위없는 선(無上禪)임을 밝히고 있다. "한마디 아미타불, 위없는 참선이라"란 문구와 관련하여 『대집경』「현호품賢護品」에 이르길 "사람이 오롯이 아미타불의 명호를 염하는 것을 일러 위없이 깊고 묘한 선(無上深妙禪)이라 하며, 지극한 마음(至心)으로 상호를 관상하여 부처님을 친견할 때가 바로 불생불멸不生不滅의 법이다"라고 하셨다. 이는 부처님의 금구성언金口誠言이니 어찌 믿지 않을 수 있겠는가!

"일생의 일을 끝내고 광겁의 공덕을 원만케 하네." 무릇 염불왕생은 마치 물 흐르는 방향으로 바람에 돛이 휘날리는 것과 같이 속히 불도佛道를 이루는 법문이다. 이미 왕생하였으면 품계의 차등을 막론하고 필경에는 다른 생을 거치지 않고 단지 이 한생에 할 일을 이루어(成辦) 불도의 대사를 성취한다. 대개 불도는 길고 멀어서 오래 닦아야 성취할 수 있으니, 이른바 삼대아습지겁三大阿僧祇劫이 걸린다. 그러나 지금 극락국토에 왕생한 사람은 이 한생에 광겁의 공덕을 원만히 성취한다. 그러니 어찌 염불왕생이 다른 보통법문보다 속히 도를 성취하지 못한다고 말하겠는가? 그러므로 "이것을 믿지 않는다면 참으로 목석과 다름없고, 이 염불을 버리고 다른 수행을 하는 사람은 미치광이가 아니면 바보천치일 것이다"라는 철오 선사의 이 말씀은 참으로 은은한 맛이 있다.

제100게송

一句彌陀 理非易會 (일구미타 이비이회)

百偈俄成 三尊加被 (백게아성 삼존가피)

한마디 아미타불
이치를 쉽게 알 수 없으나
삼존의 가피를 입어
백 게송을 한순간에 지었네.

한마디 아미타불, 그 이치는 매우 깊고 또 깊어서 큰 지혜를 지닌 사람이라야 원융하게 깨달을 수 있습니다. 그래서 이치를 이해하기가 쉽지 않다고 말씀하신 것입니다. "백 게송을 한순간에 지었다"는 백 게송을 단숨에 지었다는 말입니다. 철오 선사께서는 단숨에 이 게송을 지었으므로 "삼존의 가피를 입어"라고 말씀하신 것입니다. 불법승 삼보의 가피가 있어야 비로소 이러한 게송을 지어 여러 사람들을 깨닫게 할 수 있고 참고할 수 있도록 할 수 있습니다.

정토법문에 따르면, 한마디 아미타불은 생각마다 곧 부처님이다.

그 깊고 깊은 이치는 오직 부처님과 부처님께서만이 능히 철저히 다 밝힐 수 있을 뿐 다른 사람은 이해할 수 없다. 다만 우리는 마땅히 부처님의 말씀을 존중하여 믿을 뿐이다. 그러므로 "한마디 아미타불, 이치를 쉽게 알 수 없으나"라고 하신 것이다.

"삼존의 가피를 입어서, 백 게송을 한순간에 지었네"라는 문구는 철오 선사의 자기진술(自敍)이다. 이 백 게송을 짧은 순간에 지을 수 있었던 까닭은 참으로 불법승 삼보의 가피력에 의지하였기 때문이라는 것이다. 옛 성현께서 경에 소를 달고 논서를 지은 것은 모두 삼존의 명훈가피를 구함이니, 유독 철오 선사만이 그런 것은 아니다.

내(「모상기摸象記」의 저자인 張秉全)가 이 『염불가타 교의백게念佛伽陀教義百偈』의 해석을 저술한 것은 사실 맹인 코끼리 만지기(摸象)일 뿐이며, 그것도 겨우 조금 만져볼 수 있었을 뿐이다. 그러므로 나 또한 일찍이 삼보의 가피를 내려주십사 기도하였으니, 이렇게 해석한 것이 은연중에 선사의 뜻에 부합되기를 바란다.

인광 대사 발문

정토법문은 시방삼세의 일체제불께서 위로는 불도를 이루고 아래로는 중생을 교화하여 처음과 마침을 이루는 원돈법문이다. 이런 까닭에 이미 불지佛地에 가까운 등각보살께서도 오히려 십대원왕十大願王을 회향하여 왕생하셨고, 오역의 악을 지은 죄인이 장차 아비지옥에 떨어질지라도 만약 위대한 명호(洪名)를 칭명한다면 곧 하품하생에 참여할 수 있으니, 이 법문의 묘함은 다시 덧붙일 필요가 없다.

세상에서 매양 어리석은 남자와 여자라도 모두 능히 수지할 수 있어 알기 쉽다고 말하는데, 여래께서 끝내 중생을 제도하시려는 마음은 너무 광대하여 다 펼치지도 못할 지경이다. 그럼에도 중생들은 현생에 고통에서 벗어나는 길이 막혀 통하지 못한다.

진헐청료眞歇淸了 선사가 이르길 "염불법문은 수행의 지름길이며 대장경의 핵심을 그대로 드러내어(正按) 최상의 근기를 접인할 뿐 아니라 중하근기도 이끌어들인다"라고 하였다. 또 말하길 "부처님과 조사님들, 그리고 교종이나 선종이나 모두 정업淨業을 닦아 같이 한 근원으로 돌아가셨다. 이 문에 들어가는 이는 무량한 법문을 모두 다 얻을 수 있다"라고 하였다.

엎드려 바라건대, 보고 들은 모든 이들이 같이 화장세계의 바다 같은 법회(華藏海會)에 모인 도반을 따라 함께 수행해 나아가 극락왕생으로 회향하시기를.

염불행자의 열 가지 믿음

1. 태어나면 반드시 죽음이 있음을 믿어라. 하늘 아래 예로부터 지금까지 일찍이 이를 피한 사람은 아무도 없다.
2. 사람의 목숨은 무상함을 믿어라. 날숨이 비록 있을지라도 들숨은 보장하기 어려우니, 숨 한 번 돌아오지 않으면 곧 다음 세상이다.
3. 윤회의 길은 험난함을 믿어라. 한 생각 차이로 문득 악취惡趣에 떨어진다. 사람 몸 얻기는 손톱 위의 흙과 같고 사람 몸 잃기는 대지의 흙과 같다.
4. 악취에 머무는 시간은 길다는 것을 믿어라. 삼악도에서 한 번 과보 받음은 오천 겁의 시간이니, 다시 머리 들고 세상에 나올 날이 그 언제이겠는가?
5. 부처님의 말씀은 헛되지 않음을 믿어라. 하늘의 해와 달을 떨어뜨리게 할 수 있고, 묘고산왕(妙高山王, 수미산)을 바로 기울여 움직이게 할 수 있을지라도, 모든 부처님의 말씀은 조금도 어긋남이 없다.
6. 진실로 정토가 있음을 믿어라. 지금 사바세계가 존재하는 것과 다를 바 없이 극락도 확실하게 존재한다.
7. 극락왕생을 발원하면 바로 왕생함을 믿어라. 이미 발원했거나 지금 발원하거나 장차 발원하면 이미 왕생했거나 지금 왕생하거나 장차 왕생할 것이라고 경전에서 분명히 밝혔으니, 어찌 나를 속이랴!
8. 왕생하면 바로 불퇴전의 경지에 오름을 믿어라. 그 경계는 수승하고

인연은 강하여 결코 물러서려는 마음이 일어나지 않는다.

9. 일생에 성불함을 믿어라. 수명이 한량없으니 무슨 일이든지 해내지 못하겠는가.

10. 법의 근본은 '오직 마음(唯心)'임을 믿어라. '오직 마음'에는 갖춤(具)과 지음(造)의 두 가지 뜻이 있다. 이상의 모든 법은 모두 내 마음에 갖추어져 있고(我心具), 모두 나의 마음이 짓는 것(我心造)이다.

부처님의 말씀을 믿는 까닭에 뒤의 네 가지(後四)를 짓고, 부처님의 말씀을 믿지 못한다면 앞의 네 가지(前四)만 짓는다. 그러므로 부처님의 말씀을 깊게 믿으면 자신의 마음(自心)을 깊이 믿는 것이다. 정업淨業을 닦는 자(염불행자)가 이 열 가지 믿음(信心)을 갖출 수 있다면 반드시 극락정토에 왕생하나니, 이는 마치 계약의 확실한 증표를 잡고 있으면 (맡겨놓은) 옛 물건(故物, 불성)을 되찾을 수 있는 것과 같으니, 무릇 아무것도 어려울 것이 없다.

갑자甲子년(1744) 7월

눌당도인(訥堂道人, 철오 선사)은 씀

부록 1

반야정토 양문대의

철오 선사徹悟禪師 지음

인해 장로印海長老 강해

「반야정토 양문대의般若淨土 兩門大義」는 철오 선사의 유집인 『철오 선사어록徹悟禪師語錄』 권하의 첫머리에 나오는 법문이다. 이 법문을 대만 법인사法印寺의 회주인 인해 장로가 풀이하였는데, 철오 선사의 법문과 함께 싣는다.

1. 철오 선사 원문

반야는 연기(緣起: 인연 따라 일어남)이면서 동시에 성공(性空: 자성이 본래 텅 비어 공함)임을 밝힌 것으로, 비록 자성이 공할지라도 인연 따라 일어남을 무너뜨리지 않는다. 정토는 성공性空에 대해 연기를 밝힌 것으로, 비록 인연 따라 일어나더라도 자성이 공함을 장애하지 않는다. 이는 곧 공空과 유有의 두 문은 뒤섞여도 서로 장애되지 않는다는 뜻이다.

이뿐만 아니라 바로 인연 따라 일어나기 때문에 자성이 공한 것이다. 만약 인연 따라 일어난 것이 아니라면 누구의 자성이 공하다고 말하겠는가. 이는 곧 인연 따라 일어남이 자성이 공한 이유가 되는 것이다.

또한 자성이 공하기 때문에 인연 따라 일어난다. 만약 자성이 공함이 아니라면 어떻게 인연 따라 일어난다고 말하겠는가. 이는 곧 자성이 공함이 인연 따라 일어나는 이유가 되는 것이다.

그와 같을진대, 공空과 유有의 두 문은 단지 서로 장애되지 않을 뿐만 아니라 또한 번갈아가며 서로를 보완하는 것이다.

곧 고인이 이른 대로 "삼라만상이 하늘에 닿을 만큼 있는데 이를 보아도 빛깔이 없고, 온갖 소리가 땅에 가득한데 이를 들어도 소리가 없네"[129]란 말과 같으니, 있으면 있을수록 더욱더 공하고, 공하면 공할수록 더욱더 있는 것이다.

무릇 연기와 성공이 이미 동시에 있다면 마음대로 바로 함께 사라지고 함께 존재하는 특성이 있다. 함께 사라지고 함께 존재하니, 동시에 아무런 장애가 없다. 바로 이것이 원융하고 부사의한 제일의제로 나아가는 것이다. 원융한 제일의제는 바로 그 사람의 본원심성本源心性의 다른 이름이다.

---

129 이 게송의 원문은 "萬象參天 觀之而無色 群音揭地 聽之而無聲" 인데, 정확한 출처가 불분명하다. 다만 영명연수 선사의 『唯心訣』에 "関爾無聲 而群音揭地 蕩然無相 而衆像參天 相入而物境千差 相卽而森羅一味(고요하여 소리 없으나 온갖 소리 드러나고, 탕연하여 모양 없으나 온갖 모양 하늘에 닿았네. 서로 스며드나 사물의 경계 천차만별이요, 서로 즉하여 있으나 삼라만상 한맛이라)" 란 구절이 나온다.

이것으로써 부처님께서 설하신 갖가지 반야문은 이 본원심성을 드러내 보이지 않음이 없고, 부처님께서 설하신 갖가지 정토문도 역시 이 본원심성을 드러내 보이지 않음이 없다는 것을 알 수 있다. 본원심성을 따라서 갖가지 반야·정토법문이 흘러나오고, 갖가지 반야·정토법문은 모두다 본원심성으로 돌아가도록 가리킨다. 이른바 (청량징관淸凉澄觀 대사가 말한), "(모든 법은) 이 법계를 따라 흘러나오지 않는 것이 없고, 이 법계로 다시 되돌아가지 않는 것이 없다(無不從此法界流 無不還歸此法界也)"라는 것이다.

옛날 어떤 사람이 운서雲棲 대사에게 묻기를 "참선과 염불을 어떻게 융통시킬 수 있겠습니까?"라고 하였다. 대사께서는 답하시기를 "만약 두 물건이라면 어떻게 융통시킬 수 있겠는가?"라고 답하셨다. 아! 참으로 훌륭한 말씀이시다.

무릇 선이란 정토의 선이고, 정토란 선의 정토이다. 본래 두 물건이 아닌데 융통시켜 무엇 하랴? 그런즉 반야와 정토의 두 문은 유일한 본원심성일 뿐이고, 나누려 해도 나눌 수 없을 뿐만 아니라 합하려 해도 합할 수 없다. 나누고 합하는 것도 오히려 할 수 없는데, 하물며 그 서로를 이루고 서로를 장애함을 다시 논할 수 있겠는가?

2. 인해 장로 강해

오늘 우리들이 정토종 조사인 철오 선사의 법문에 대해 강의하는데, 공空과 유有의 두 방면에 대해 중점적으로 이야기할 것이다. 일반적으로 말하면 반야는 공空을 대표한다. 불법 안에서 지혜를 설명하기 위해서는 공의 뜻을 이해해야 하는데, 이는 세간법이 모두 유를 설명하기 때문이다. 유 가운데는 또한 진유眞有와 가유假有가 있다. 범부는 유가 영구한 유라 인식하고 가유가 아니라고 한다. 그러나 불법에 따라 바라보면 유가 비록 존재할지라도 결코 영구적인 유가 아니다. 만약 영원히 변치 않는다면 그것은 무상無常의 진리에 위배된다.

이 법문에서 철오 선사께서는 정토의 유와 반야의 공 양자의 뜻을 회통시키려고 하신다. 정토염불법문은 유문有門·유종有宗이다. 정토종의 유는 결코 범부가 가리키는 가유이거나 허망한 유(虛妄有)가 아니다. 확실히 서방정토가 존재하고 아미타불께서 계셔서 중생을 인도하여 이고득락離苦得樂케 하신다. 철오 선사께서는 당시 수많은 외도外道에 대처하고 불교 가운데 공과 유의 대의를 명료하게 이해하지 못하는 사람들을 위하여 공과 유의 두 문을 설명하고자 하셨다. 이 문장의 의도는 매우 간단하고 단지 생각을 분명하게 해줄 뿐이며, 문자는 결코 난해하지 않다.

1.

반야는 연기이면서 동시에 성공임을 밝힌 것으로, 비록 자성이 공할지라도 인연 따라 일어남을 무너뜨리지 않는다.

(般若 乃卽緣起而明性空 雖性空而不壞緣起)

이 문장은 반야는 공空한 것만이 아니라고 시작하고 있다. 이른바 공은 연기법과 분리되지 않은 성공性空을 이야기하고 있으니, 마치 『심경心經』에서 설하고 있는 '색불이공色不異空'과 같다. 즉 색色은 바로 연기緣起이고, 연기가 있으므로 일체가 존재한다. 그렇지만 만사萬事와 만법萬法 가운데 저 하나의 법(一法)은 영구히 변하지 않는 것인가? 저 하나의 법은 실재하는 것인가? 바로 진상眞相은 연기하는 일체의 형형색색에 있다고 말할 수 있다. 성공性空은 이성(理性, 본체)을 대표하고, 연기는 사상(事相, 현상)을 대표한다. 사상事相은 비록 천차만별이고 형형색색일지라도 이치(理)에 있어서 상相의 본성은 평등하여 다르지 않다. 일체법의 평등성의 측면에서 말하자면 그것은 차별상을 장애하지 않는다. 첫 번째 문구는 우리들에게 불법은 공空·반야·무소득無所得·필경공畢竟空을 말하고 있음을 알려준다. 그 의의는 연기법 가운데 일체 평등의 상相을 일으키는 '색불이공色不異空'에 있다.

비록 자성이 공할지라도 인연 따라 일어남을 무너뜨리지 않는 것이 바로 『심경』에서 설하고 있는 '공불이색空不異色'이다. 즉 일체법의 평등한 공상空相은 연기를 떠나서 별도로 공空이 존재하지 않는다. 『심경』의 의의는 바로 '공유불이空有不二'와 '성상원융性相圓融'의 진리를 말하는 데에 있다. 범부는 분별·망상·전도顚倒로 인하여 업을 짓고 고통을 받지만, 성인은 일체법의 고苦·공空·무상無常을 깊이 이해하여 공의 진리를 명백히 하여 해탈에 이를 수 있다.

2.

정토는 성공性空에 대해 연기를 밝힌 것으로, 비록 인연 따라 일어나더라도 자성이 공함을 장애하지 않는다.

(淨土 乃卽性空而明緣起 雖緣起而不礙性空)

정토는 유有이다. 연기를 말하지만 청정한 연기를 말한다. 범부가 생사를 윤회하는 것도 연기이지만 오염된 연기이다. 세상에 물들면 곧 미혹하여 업을 짓고, 업을 지어 고苦를 받으면서 영원히 생사윤회를 그치지 못한다. 이른바 '청정한 연기'란 번뇌를 일으키지 않고 업을 짓지 않는 것이다. 업을 짓지 않는 원인은 극락세계의 의보와 정보 장엄의 결과로 인해 감득된 것이지만, 연기와 인과는 그대로 적용된다. 세간법은 연기를 말하고 출세간법도 연기를 말한다. 세간법도 인과를 말하는데 어찌 출세간법이 인과를 말하지 않겠는가? 정토법문은 비록 유有를 말하지만 그것은 세간의 '허망한 유(虛妄有)'가 아니고, 연기가 공성空性으로 돌아가 일어나는 묘유妙有이다. 이 가운데 중요한 것은 조사께서 공空의 관점에서 말씀하신 바를 이해하는 것이다. 인도 삼론종三論宗의 용수龍樹보살은 공空을 제창하였고, 무착無著보살과 세친世親보살은 유有를 제창하였다. 실상實相에 의거하여 공을 말했으며, 연기緣起에 의거하여 유를 말한 것이다. 그들은 공을 분석하여 결코 공이 전혀 아무것도 없는 공이라고 말하지 않았고, 유 또한 모두가 다 유라고 말하지 않았다. 성공性空은 이치상(理上)으로부터 깊이 파고든 것이고, 연기緣起는 사상事相으로부터 말한 것이다.

'공유불이空有不二'는 한편으로는 성상계(性相界: 본질과 현상의 세계)로부터의 연기를 말하고, 다른 한편으로는 진실하고 평등한 성공(性空: 공한 성품)으로써 진성眞性 안의 평등한 공성空性을 설명하고 있다. 정토종은 연기를 말하는데, 극락세계의 항수行樹·나망羅網·칠보연못·팔공덕수를 말하지만 성공性空을 장애하지 않고 진리를 장애하지 않는다. 그것들은 진리로부터 형성된 것인 까닭에, 연기이지만 성공性

空을 장애하지 않는다고 말하는 것이다.

3.

이는 곧 공空과 유有의 두 문은 뒤섞여도 서로 장애되지 않는다는 뜻이다.
(此則空有兩門 互不相礙也)

이 두 문구는 총결이다. 공空은 '반야'라고 부르고, 유有는 '연기'라고 부른다. 정토종과 유식종은 모두 유문有門에서부터 시작한다. 범부는 반드시 '유문'에서 시작하여야 '악취공惡取空'으로 떨어지지 않는다. 인과도 없고 성인과 범부도 없다면 이 세계가 어지럽지 않겠는가? 불법에서 '색은 공과 다르지 않고, 공은 색과 다르지 않다(色不異空 空不異色)'고 말하는 목적은 우리들로 하여금 '연기는 곧 공이요, 공은 곧 연기(緣起卽空 空卽緣起)'란 것을 깊이 알게 하고, 이를 통해 불법이 기타 외도(종교)와 같지 않고 각종 다른 학문과 같지 않음을 쉽게 비교하여 이해시키고자 함이다.

4.

이뿐만 아니라 바로 인연 따라 일어나기 때문에 자성이 공한 것이다.
(不特於此 正以緣起故性空)

우리들은 연기와 공空이 마치 분리된 것처럼 보지만, 사실은 그렇지 않고 인연 따라 일어나기 때문에 자성이 공한 것이다. 용수보살께서 말씀하시길, "인연 따라 생긴 법을 나는 바로 공空이라 말한다(因緣所生

法 我說卽是空)"라고 하셨다. 연기법의 측면에서 보면 당하當下가 바로 공空이고, 연기의 차별상에서 보면 변하지 않는 진리가 있으니 이 진리가 바로 공空이다.

5.

만약 인연 따라 일어난 것이 아니라면 누구의 자성이 공하다고 말하겠는가.(若非緣起 說誰性空)

만약 성공性空의 측면에서 연기가 없다고 말한다면, 성공이 어떻게 일어난다고 말하겠는가!

6.

이는 곧 인연 따라 일어남이 자성이 공한 이유가 되는 것이다. (此則緣起爲性空之所以).

연기가 곧 성공性空인 것이 바로 '색불이공色不異空'이다. 『심경』에 이르길 "색은 곧 공이고 공은 곧 색이니, 색은 공과 다르지 않고 공은 색과 다르지 않네(色卽是空 空卽是色 色不異空 空不異色)"라고 했는데, 여기서 '다르지 않음(不異)'란 바로 공과 유가 둘이 아니다(不二)는 것을 설명한 것이다.

7.

또한 자성이 공하기 때문에 인연 따라 일어난다.
(又以性空故緣起)

왜 '자성이 공하기 때문에 인연 따라 일어나는' 걸까? 이理가 사事를 떠나서 다시 어떻게 이理를 이루겠는가? '성공性空'은 이理이지만, 사事를 벗어난 이理는 사事와 더불어 타성일편打成一片을 이룰 수 없고 결코 이와 사가 장애 없이(理事無礙) 되어 마음대로 가려서 쓸 수 없다. 그러므로 성인께서 이理를 깨달으신 것은, 마치 선종禪宗에서 "노란 국화 푸른 대나무, 선의 기봉機鋒이 아님이 없네(黃花翠竹 無非禪機)"라고 말한 것과 같다. 또 소동파蘇東坡가 "산색은 청정한 소리 아님이 없고, 계곡소리 모두 광장설이네(山色無非淸淨聲 溪聲盡是廣長舌)"라고 말한 것과 같다. 이것들은 모두 우리들이 연기로부터 성공性空의 진리를 이해해야 한다는 말이다. 연기법을 벗어나서 성공을 말하는 것은 현학적인 교묘함을 논하는 것일 뿐이다.

8.

만약 자성이 공함이 아니라면 어떻게 인연 따라 일어난다고 말하겠는가.
(若非性空 何從緣起)

만약 자성이 공함이 없다면 어떻게 인연 따라 일어난다고 말하겠는가!

9.

이는 곧 자성이 공함이 인연 따라 일어나는 이유가 되는 것이다.

(此則性空爲緣起之所以).

이 문구들은 모두 한 쌍으로 대구를 이루어 매우 깔끔하게 응대한다. 철오 선사께서는 표면적인 것과 내면적인 것을 종합하여 드러냄으로써 여러 사람들로 하여금 이러한 도리를 깊게 알게 하신다. 사실상 경전의 내면을 되풀이해서 말하고 공空과 유有를 말하며 성性과 사事를 말하는 것은 모두 몇 구절을 벗어나지 않는다. 이것을 이해하면 모든 부처님과 보살께서 다 똑같은 말씀을 하셨고 모두 하나의 도리를 말씀하셨음을 알 수 있다.

10.

그와 같을진대, 공空과 유有의 두 문은 단지 서로 장애되지 않을 뿐만 아니라 또한 번갈아가며 서로를 보완하는 것이다.

(若然者 空有兩門不但不相礙 且復迭互相成矣)

공空과 유有의 두 문은 단지 서로 장애되지 않을 뿐만 아니라 또한 피차 서로를 보완한다. 이것이 바로 이사불이理事不二이다. 범부는 사상事相의 측면에서 유有를 본다. 마치 너와 내가 서로 장애되는 것처럼, 이것은 너의 것이고 저것은 나의 것이라고 본다. 이승二乘의 성인(성문과 연각)은 다만 공성空性을 이해할 뿐 사상事相을 명확히 볼 수 없어 사事와 이理가 계합함을 깊이 알지 못한다. 보살은 이사불이

理事不二를 몸으로 깨달아 대비심을 일으키고 중생을 제도하며, 세간의 일체법에 차별상이 있고 평등상이 있음을 깊이 안다. 차별상은 바로 일체연기가 만물을 낳는 것이고, 연緣은 바로 인연이 화합하여 있게 된 것인데, 그 안에는 진실하고 변하지 않는 실체를 찾을 수 없다. 공空을 벗어나서 별도로 유의 상(有相)이 있지 않다. 이것은 바로 공空과 유有의 두 문이 단지 서로 방해하고 장애하지 않을 뿐만 아니라 또한 피차 서로 보완하고 서로 성취함을 말하는 것이다.

11.

곧 고인이 이른 대로 "삼라만상이 하늘에 닿을 만큼 있는데 이를 보아도 빛깔이 없고,

(卽古所謂萬象參天 觀之而無色)

이 문구에서 철오 선사는 소위 우주 만물의 형형색색을 예로 든다. '삼라만상이 하늘에 닿을 만큼 있음'은 각양각색으로 충만한 세계를 비유한 것이니 모두 유有이다. 성인은 이를 보고, 이러한 것들은 진실한 유(眞有)가 아니고 임시적인 유(假有)이며 "한 법도 가히 취할 수 없고, 한 법도 가히 세울 수 없다(無一法可取 無一法可立)"는 것을 깨닫는다. 다만 형태와 형식을 따라서 말하고 보니, 마치 있는 것처럼 보일 뿐이다.

12.

온갖 소리가 땅에 가득한데 이를 들어도 소리가 없네."

(群音揭地 聽之而無聲)

소리를 살펴보면 기계 소리, 사람 목소리, 동물 소리 등 각종 유정 무정의 소리들로 너무나 많다. 성인에겐 들림(聽)이 있어도 소리(聲)가 없으니, 소리는 본래로 무상한 것이다! 우리들의 심장과 폐, 기관지, 입술과 치아 등에서 발생하는 각종 소리는 모두 갖가지 조건과 인연들이 화합하여 생긴 것이다. 만약 이러한 조건들이 없다면 무슨 소리가 있겠는가?

13.

존재할수록 더욱더 공하고 공할수록 더욱더 존재한다.
(愈有愈空 愈空愈有者矣)

왜 존재할수록 더욱더 공空할까? 공이 있어야 유有가 있고, 유가 있어야 바로 공하며, 공이 없으면 바로 유가 없고, 유가 없으면 바로 공이 없으니 이것이 바로 '공유불이空有不二'이다. 다만 우리들은 불법을 배운 이후에 세간법을 깊이 알아서 이 두 가지가 비록 존재함을 이해하여도, 최후에 이르러서는 다시 그것에 집착하지 말고 모두 놓아 버려야 한다.

14.

무릇 연기와 성공이 이미 동시에 있으면
(夫緣起性空 旣在同時)

유有가 있으면 바로 공空이 있으니 이 양자는 동시에 존재한다.

이理가 있으면 바로 사事가 있고 사事가 있으면 이理가 있다. 동시에 '두 가지 있음(二有)'는 분리될 수 없다.

15.

저절로 바로 함께 사라지고 함께 존재하는 특성이 있다.
(任運便有雙泯雙存之面目)

임운任運은 저절로 그러하다는 뜻이다. 마치 내리막을 운전할 때, 가속 페달을 사용하지 않아도 자동차는 저절로 미끄러져 내려가게 되는 것과 같다. 팔지八地 이상의 보살은 어떠한 문을 닦아도 저절로 이르게 되고 작의作意를 사용하지 않는다. 함께 사라짐(雙泯)은 유有이지만 잠시 머무르는 유이고 영원한 유가 아니다. 사라짐(泯)은 바로 잠시 정지하거나 은둔하여 드러내지 않는 것이다. 함께 존재함(雙存)은 양자가 동시에 존재하는 것으로 유有가 없다면 공空도 없어 모두가 사라진다(雙泯).

16.

함께 사라지고 함께 존재하니, 동시에 아무런 장애가 없다.
(雙泯雙存 同時無礙)

사라지면 곧 잠시 볼 수 없고, 존재하면 바로 나타난다. 이 양자는 동시에 유有이고 동시에 무無이므로, 양자는 하나이면서 둘이고 둘이면서 하나여서 장애함이 없는 까닭에 분리될 수도 없다.

17.

바로 이것이 원융하고 부사의한 제일의제로 나아가는 것이다.

(卽是向上圓融不思議第一義諦)

천태종에서는 공과 유는 동시적이고, 동시에 그 위에는 또한 하나의 최고의 것이 있는데, 공과 유 위에 존재하여 분별심을 일으키지 않는 것으로, 바로 '중도中道'라고 말한다. 범부는 유에 집착하고 이승二乘의 사람은 공에 집착하지만, 보살은 '공과 유'의 양변에 집착하지 않고 이와 사에 장애가 없음(理事無礙)을 깨달아 '중도'로 향한다. 천태종에서는 "인연으로 생긴 법을 나는 곧 공이라 말하고, 또한 가명이라고 이름하며, 또한 중도의 뜻이라 이름한다(因緣所生法 我說卽是空 亦名爲假名 亦名中道義)"라고 말한다. 공과 유가 장애하지 않고 집착하지 않으면 바로 제일의제第一義諦이니, 그것은 공과 유 위에 있으며, 공도 아니고 유도 아니며, 또한 공이고 또한 유이다. 없어도 그것이 또한 있음을 '가유假有'라고 말하는데 그것에 속을 필요가 없다. 『금강경』에서 설하길, "일체의 유위법은 꿈·허깨비·물거품·그림자 같고, 이슬 같고 또한 번개와 같으니, 마땅히 이와 같이 관할지라(一切有爲法 如夢幻泡影 如露亦如電 應作如是觀)"라고 하였다. '또한 가명假名이라 이름하고 또한 중도의 뜻이라 이름한다'에서 '중도'는 바로 천태종에서 말하는 진眞·속俗·중中의 '삼제三諦'이다. '속제俗諦'는 바로 '유有'이고 '진제眞諦'는 바로 '필경공畢竟空'인데, 공과 유의 양변에 장애되지 않고 초월하는 중도는 바로 부사의한 제일의제이다. 왜 중도라 부르는가? 제일의제는 왜 부사의한가? 이는 범부의 경계가 아니고 보살의 경계이기 때문이다. 범부는 단지 '사법계事法界'에 들어서고, 성문연각(二乘)의 사람은 '이법계理法界'에, 보살은 '이사무애理事無礙법계'에 들어서며, 오직 부처와 부처만이 능히 깨달아 '사사무애事事無礙법계'에 이른다. 사사무애는 바로 매사의 일이 모두 서로 방해하고 장애하지 않으니, 그때가 되어서야 능히 '원융한 제일의제'를 깊이 알 수 있다.

18.

원융한 제일의제는 바로 그 사람의 본원심성의 다른 이름이다.
(圓融第一義諦 即是當人本源心性之異名)

심성의 본래 근원(心性本源)이 바로 '참마음(眞心)'이고, 사람마다 모두 성불할 수 있는 불성佛性이며, 본각本覺·평등묘각平等妙覺·오심悟心이다. 이는 바로 우리들에게 바깥을 향해 본원심성을 추구할 필요가 없고, 자기의 본래면목으로 회귀하여야 하며, 다시 바깥을 향해 추구할 필요가 없음을 가르친다.

19.

이것으로써 부처님께서 설하신 갖가지 반야문은 이 본원심성을 드러내 보이지 않음이 없고,
(是知佛說種種般若門 無非顯示此本源心性)

공을 설하고 유를 설함은 모두 방편설이니, 이제야 비로소 깨달아 공과 유를 놓아버림에 이르러 자기 본각本覺의 면목을 붙잡는다. 부처님께서는 우리들에게 일체법은 허깨비(幻)와 같고 변화한 것(化)과 같으며, 일체법은 인연으로 생긴 것임을 깊이 알아야 한다고 말씀하셨다. 반야법문에서의 심성心性은 한 법도 세우지 않고, 연기법문에서의 심성은 한 법도 버리지 않나니, 그대는 능히 일체법이 꿈같고 허깨비 같음을 깊이 알 수 있어 '편공偏空'에 집착하지 않으므로 대비심大悲心이 있다. 대자대비는 바로 우리들의 양지(良知: 타고난 앎)와 양능(良能: 타고난 능력)의 '본원심성'이다.

20.

부처님께서 설하신 갖가지 정토문도 역시 이 본원심성을 드러내 보이지 않음이 없다.
(佛說種種淨土門 亦無非顯示此本源心性)

석가모니불께서는 수많은 정토를 말씀하셨으니, 모두 다 우리들이 외부세계에 물들지 않고 자기 자신이 본래 갖추고 있는 청정심으로 돌아가야 할 것을 말씀하신 것이다.

21.

본원심성을 좇아서 갖가지 반야·정토법문이 흘러나오고,
(從本源心性 流出種種般若淨土法門)

정토는 청정한 유有이고 진실한 유이다. 우리들이 본래 갖추고 있는 불성을 드러내고 아미타불의 원력에 상응하는 것이 바로 반야이며,

반야와 정토로 타성일편打成一片이 성취된다. '반야정토법문般若淨土法門'이란 말에서 정토는 단지 유有일 뿐이고 반야를 설한 것은 없지만, 사실상 정토가 설하는 것이 바로 '반야般若'이다. '흘러나오고(流出)'라고 말한 것은 바로 자신의 심성 중에 있는 공과 유의 이 두 가지 법문을 표시한다.

22.

갖가지 반야·정토법문은 모두다 본원심성으로 돌아가도록 가리킨다.
(而種種般若淨土法門 皆悉指歸本源心性)

우리들은 반야도 좋다고 말하고 정토도 좋다고 말하며, 유도 좋고 공도 좋다고 말한다. 이것들은 부처님이 교시한 법문으로 모두 우리들에게 일진법계一眞法界로 돌아가고, 평등공성平等空性으로 돌아가며, 본래의 자리로 돌아가도록 가리킨다.

23.

이른바 "(모든 법은) 이 법계를 따라 흘러나오지 않는 것이 없고, 이 법계로 다시 되돌아가지 않는 것이 없다"라는 것이다.
(所謂無不從此法界流 無不還歸此法界也)

범부는 오염된 연기(染汚緣起)로 인해 무시이래로 번뇌로 감추어져서 본래 갖추고 있는 불성을 잊어버리고 삼계에서 고苦를 받는다. 부처님께서는 반야법문과 정토법문을 설법하시어 바로 우리들에게 고향으로 돌아가고 진리로 돌아가는 길인 청정한 연기(淸淨緣起)인 본래의 자리로 돌아가도록 가르치신다. 본문에서는 여기에 이르러 이 반야와 정토의 두 법문이 지닌 뜻을 분명히 당부하고 있다.

아래 문장에서 철오 선사께서는 또 한 번 정토와 참선의 문제를 조금이나마 해석하시는데, 이는 참선이 제일의제의 공空적인 측면을 설하고, 정토는 유有적인 측면을 설하면 마치 양자가 모순이 있는 것처럼 보이기 때문이다.

아래 문장에서 선사께서는 '참선은 정토와 다르지 않고, 정토는 참선과 다르지 않다(禪不異淨 淨不異禪)'는 것에 대해 몇 마디로 설명하신다.

24.

옛날 어떤 사람이 운서雲棲 대사에게 묻기를 "참선과 염불을 어떻게 융통시킬 수 있겠습니까?"라고 하였다.

(昔有人問雲棲大師云: 參禪念佛 如何得融通去)

과거에 어떤 사람이 연지(蓮池: 雲棲袾宏, 1535~1615) 대사께 "참선과 염불을 어떻게 융회관통融會貫通시킬 수 있습니까?" 하고 물었다. 참선의 이면에는 조사가 서쪽에서 온 뜻(祖師西來意)인 본래면목을 가르치고, 바로 외부로 향해 찾지 말고 내부를 향해 '진아眞我'를 찾으라고 한다. (이에 반해) 염불은 서방극락세계에 왕생하길 바라는 것이다. 염불은 유有를 설하고, 참선은 공空을 설하니 어떻게 공과 유를 융회관통시킬 수 있겠는가?라는 말이다.

25.

대사께서는 답하시기를 "만약 두 물건이라면 어떻게 융통시킬 수 있겠는가?"라고 답하셨다. 아! 참으로 훌륭한 말씀이시다.
(大師答云: 若然是兩物 用得融通著噫. 旨哉言乎)

철오 선사께서는 "염불과 참선이 만약 두 개라면 이들을 어떻게 융회관통시킬 수 있겠는가?라는 이 문제는 매우 좋은 질문이니, 융통시킬 수 없다는 뜻인가? 융통시킬 수 있다는 뜻인가?"라고 하셨다.

26.

무릇 선이란 정토의 선이고,
(夫禪者淨土之禪)

선종에서 닦는 선은 정토의 선이다. 정토종의 염불에서 불佛자는 깨달음(覺)이니, 염불은 바로 염각念覺이다. 선종은 사람들에게 개오開悟를 가르치고 개오는 바로 깨달음(覺)이다. '마음을 밝혀 성품을 본다(明心見性)'고 할 때 무슨 성품을 보는가? 깨달음의 성품(覺性)을 보는 것이다. 염불하는 자는 아미타불을 염하지만 아직까지는 염각念覺, 평등청정각平等淸淨覺이 아니다. 참선과 정토를 전혀 별개의 것으로 생각할 필요는 없다. 선을 닦으며 수행하는 것이 바로 '정토선淨土禪'이고, 염불하여 염念이 일심불란一心不亂에 이르면 바로 선정禪定이다.

선정의 목적은 바로 개오이지만, 염불하는 자는 오히려 개오할 필요까지는 없다. "단지 아미타불을 친견하면 어찌 개오하지 못할까 근심하랴(但得見彌陀 何愁不開悟)"라고 했으니, 모두 서로 동일한 목적을 추구하는 것이다.

27.

정토란 선의 정토이다.
(淨土者禪之淨土)

염불하여 염念이 일심불란에 이르면 바로 선정이다. 우리들이 한곳에 마음을 제어하여 심성心性이 일여一如한 경지인 타성일편打成一片에 도달하면 바로 선禪이다. 정토는 선을 벗어남이 없으니, 단지 이름만 다를 뿐이다. 하나는 마음속을 향해 본래면목을 구하는 것이고, 다른 하나는 부처님을 뵙고 부처님이 열어 보여주심에 따라 최후에는 마음과 부처가 둘이 아니고(心佛不二), 이 마음이 부처(是心是佛)임을 구하는 것이니, 역시 선이다.

28.

본래 두 물건이 아닌데, 융통시켜 무엇 하랴?
(本非兩物 用融通作麼)

선禪과 정淨은 본래 둘이 아닌데 그것을 융통시킬 필요가 있겠는가? 영명永明 선사께서는 "선이 있고 정토가 있으면 마치 뿔 달린 호랑이 같다(有禪有淨土 猶如戴角虎)"라고 하셨다. 정토법문에서는 말하기를, 우리들 범부는 망상이 너무 많아 단지 산심散心으로는 염불할 수 있으나 일심불란一心不亂에 도달하기는 쉽지 않다고 한다. 만약 집중된 마음(定心)으로 염불하면 매우 빨리 일심불란할 수 있으며 선정 가운데 부처님을 친견할 수 있으니, 지금 당장 눈앞에 계시는 것과 같다.

29.

그런즉 반야와 정토의 두 문은 유일한 본원심성일 뿐이고,
(然則般若淨土兩門 旣唯一本源心性)

정토와 반야는 모두 '성性', 즉 본원심성本源心性을 말한다. 참선하는 사람은 마음을 밝혀 성품을 보아야 하는데, 이것이 '성'이다. 염불하는 사람은 마음 그대로 부처이니, 역시 '성'이 아니겠는가.

30.

나누려 해도 나눌 수 없을 뿐만 아니라 합하려 해도 합할 수 없다.
(不唯分無可分 亦且合無可合)

선禪과 정淨은 본래 하나이며 이미 한 몸, 한 덩어리를 이루고 있기에 분리할 수 없을 뿐만 아니라 또한 합한다고도 말할 수 없다.

31.

나누고 합하는 것도 오히려 할 수 없는데, 하물며 그 서로를 이루고 서로를 장애함을 다시 논할 수 있겠는가?

(分合尙著不得 況可更論其相成相礙也哉)

본래 하나의 본원심성만이 있을 뿐이고 '유有'와 '공空'은 '불이不二'이다. 염불과 참선수행을 막론하고 성性의 차원에서는 마음·부처·중생 세 가지가 차별이 없다. 범부도 이 '성性'이고, 성인도 이 '성性'이어서 차별이 없다. 차별이 없는데 어떻게 서로를 이루고 서로를 장애하며(相成相礙), 서로 나누고 서로 합한다(相分相合)고 말할 수 있겠는가? 범부가 집착을 놓아버린다면 공과 유가 둘이 아니고(空有不二) 이와 사가 장애가 없다(理事無礙). '정토'가 곧 '반야'이고 '반야'가 곧 '정토'이며, '시방세계'가 곧 '정토'이고, '정토'가 곧 '시방세계'이다.

만약 이와 같이 진리를 체득할 수 있다면 부처는 아닐지라도 보살은 될 것이다. 보살은 불광佛光으로 도리를 설하지는 못하지만, 대신 자비와 지혜를 드러내어 중생을 제도한다. 사람들의 고통을 보고 마치 자기의 고통으로 여기는 것이 바로 대비심이다. 범부와 같은 그런 집착이 없는 것이 대지혜이다. 자비와 지혜를 함께 운용하고(悲智雙運) 공과 유가 둘이 아닌(空有不二) 것이 불법의 두 길이다. 대지혜는 '공'을 말하고 대자비는 '유'를 말한다. 만약 무엇이든 다 내려놓기만 한다면 그 무엇도 얻을 수 없어 자비심을 발하려고 해도 자비심이 일어나지 않는다. 불법의 두 문은 지혜문과 복덕문이다. 복덕을 구하고 싶으면 자비를 닦고, 지혜를 구하고 싶으면 반야를 닦아야 한다. 공과 유의 두 가지 문은 마치 자동차의 두 바퀴와 같아서 하나라도 부족해서는 안 된다. 수행하여 복덕과 지혜가 구족하게 되면 복덕이 원만해서 성불을 이루게 된다.

부록 2

염불십종공덕念佛十種功德

천여유칙天如惟則 지음

「정토혹문淨土或問」『정토십요淨土十要』 제6권

창진昌臻 법사 해설

1. 천여유칙 원문

아미타불의 명호를 받아 지니는 자는 현세에 마땅히 열 가지 수승한 이익을 얻게 된다.

1. 밤낮으로 항상 모든 하늘의 큰 힘을 지닌 신장과 그 권속이 은밀히 수호하신다.
2. 항상 관세음보살 등과 같은 25분의 대보살과 모든 보살께서 항상 따라다니며 수호하신다.
3. 항상 모든 부처님들께서 밤낮으로 호념하시며, 아미타불께서 항상 광명을 놓으시어 이 사람을 거두어주신다.

4. 일체의 악귀·야차·나찰과 같은 것들이 모두 해를 입힐 수 없고, 일체의 독사·독룡·독약 등이 모두 침해할 수 없다.
5. 일체의 수재와 화재, 원수와 도적의 피해, 칼과 화살의 상해, 감옥의 재난, 멍에와 족쇄의 괴로움, 뜻밖의 죽음과 억울한 죽음을 모두 다 받지 않는다.
6. 이전에 지은 죄업들이 전부 다 소멸되고, 살생의 업에 대한 목숨 빚을 면제받으며, 그(살해당한 자)가 해탈하여 다시는 집착하여 대하지 않는다.
7. 밤에 꾸는 꿈은 바르고 좋은 꿈이고, 혹은 또한 꿈에 아미타불의 수승하고 미묘한 색신을 뵙게 된다.
8. 마음 가운데 항상 기쁨이 가득하고, 얼굴빛에 윤기가 흐르며, 기력이 충족하고 왕성하여 하는 일마다 길하고 순조롭다.
9. 항상 일체의 세간 사람들이 공경하고 공양하며 기쁘게 예배하는 것이 마치 부처님을 공경하는 것과 같이 한다.
10. 임종할 때에 마음에 공포와 두려움이 없고 정념正念이 현전하여, 아미타불과 여러 보살성중께서 손에 금대를 들고서 접인하러 오심을 보고는 서방정토에 왕생하게 되고, 미래세가 다하도록 영원히 수승하고 미묘한 즐거움을 누린다.

이상의 열 가지 이익은 경문에 자세히 실려 있고, 부처님께서 금구金口로 선포하신 것으로서 이미 현생과 미래세에 모두 이익이 있다. 그렇다면 세간과 출세간에 요긴한 법문으로 염불만한 것은 없나니, 다만 정진할 뿐 의심을 품지 말아야 한다!

2. 창진昌臻 법사 해설: 염불로써 현세에 얻게 되는 열 가지 수승한 공덕

한마디 부처님 명호는 만 가지 공덕의 결정체로 불가사의한 대위신력大威神力을 갖추고 있다. 이것은 생사고해 중의 자비로운 배(慈航)이자 끝없이 긴 밤 가운데 밝은 등불이다. 더욱이 말법시기의 중생들은 근기가 하열하여 퇴보하는 인연이 매우 많다. 바로 『대집경』에서 말씀하신 것과 같다. "말법시대에는 수억 명의 사람이 수행해도 단 한 사람이 득도(도과道果를 증득함)하기가 매우 드물다. 오직 염불에 의지해서만 생사를 건널 수 있다(末法億億人修行 罕一得道〔證道果〕 唯依念佛得度生死)."

당대의 고승이신 도원법사(道源法師, 1900~1988)께서도 『불설아미타경강록佛說阿彌陀經講錄』에서 "말법시대의 중생들은 염불이 아니고서는 생사를 마칠 길이 없고, 염불이 아니고서는 중생을 제도할 길이 없다(末法時代的衆生 非念佛無以了生死 非念佛無以度有情)"라고 말씀하셨다. 염불법문이야말로 말법중생의 증상을 치료할 수 있는 좋은 약임을 분명히 밝히신 것이다.

어떤 이들은 염불법문은 노인들이나 닦는 것이고, 임종할 때나 필요한 것이라고 생각한다. 이런 생각들은 모두 한쪽 면만 보는 것으로 잘못된 이해이다. 본래 우리들의 자심自心은 바로 부처이고, 염불이 곧 염심念心이므로 바로 이 마음으로 부처를 이루는(是心作佛) 것이다. 연지 대사께서 이르시길 "부처님 명호를 산란한 마음에 던지면 산란한 마음이라도 부처(부처님 마음)가 되지 않을 수 없다(投佛號於亂心 亂心不得不佛〔佛心〕)"라고 하셨다.

하련거(夏蓮居, 1884~1965) 거사께서는 다음과 같이 즐겨 말씀하셨다. "아미타불, 아미타불을 곧바로 염불해 가면 원래의 아미타불이 아미타불을 염하는 것이 된다(彌陀彌陀直念去 原來彌陀念彌陀)." 이로써 우리는 한마디 부처님 명호가 능히 생사를 마치고 윤회를 벗어나서 정토에 왕생하여 보리를 원만히 증득하는, 실로 지름길 중의 지름길임을 알 수 있다.

그리고 한 가지 점은 명확히 해 두어야 한다. 염불은 단지 임종 때만 큰 이익을 얻는 것뿐만 아니라 살아생전에도 큰 이익을 얻는다는 사실이다. 인광 대사께서는 나쁜 일을 저지르는 것을 제외하고는 그 밖에 일체의 모든 일에 대해 염불로써 성취하길 간구하라고 말씀하셨다. 본문에 열거하고 있는 「염불로써 현세에 얻게 되는 열 가지 수승한 공덕」을 통해 개괄적으로 모든 면을 비교할 수 있다. 이 공덕들은 모두 부처님께서 몸소 금구金口로 열어 보이신 것으로 부처님 경전 중에서 간추려 모은 것이다. 부처님께서는 헛된 말씀을 하시지 않으시니, 조금이라도 의심을 품지 말라! 초심자가 읽기에 편리하도록 간략하게나마 해석을 달았으니, 타당하지 않은 점이 있다면 아무쪼록 바로잡아 주시길 바란다.

1.

밤낮으로 항상 모든 하늘의 큰 힘을 지닌 신장과 그 권속이 은밀히 수호하신다.

천도天道 가운데 일체 천신은 모두 불법을 존중한다. 우리들이 염불한 공덕은 반드시 천신들을 감동시켜, 기뻐 찬탄하고 은밀한 가운데 보호해 준다. 이로 인해 염불하는 사람은 재난이 소멸되길 구하지 않아도 자연히 소멸되고, 가정의 평안을 구하지 않아도 가정이 자연히 평안해진다. 염불하는 사람의 경우, 이는 현세에 얻는 작은 이익에 불과하다고 말할 수 있다. 천신의 경우도 역시 공덕을 쌓는 것이므로 쌍방에게 고루 이익이 있다고 말할 수 있다.

2.

항상 관세음보살 등과 같은 25분의 대보살과 모든 보살께서 항상 따라다니며 수호하신다.

보살의 임무는 위로는 불도를 구하고 아래로는 중생을 교화하는 것이다. 이런 까닭에 보살들께서는 항상 한량없는 분신分身으로 시방세계를 다니면서 인연 있는 중생들을 널리 제도하신다. 염불하는 중생과 여러 불보살들은 인연이 있는데, 중생이 생사고해 가운데 일심으로 명호를 부르는 것은 불보살을 향하여 도움을 청하는 소리이다. 이런 까닭에 고승대덕께서는 "생사의 바다 가운데 염불이 제일이다(生死海中 念佛第一)"라고 말씀하셨다. 명호를 불러 도움을 청하는 것이 인因이 되고, 보살이 괴로움을 구하는 소리를 찾는 것이 연緣이 되니, 인과 연이 화합하고 감(感, 因)과 응(應, 緣)이 소통(道交)하여 자연히 나쁜 일도 좋아지고 괴로움을 여의고 즐거움을 얻나니, 이것이 결과(果)이다.

고금을 통틀어 수많은 인연 있는 중생(有緣衆生)들이 액난을 만나

고뇌를 받음으로 인해 명호를 칭념하였고, 명호를 칭념함으로 인해 액난이 바뀌어 평안하게 되었으며, 또한 염불의 이익을 얻음으로 말미암아 믿음을 내어 발원하고 정토에 왕생하여 부처님을 친견하고 법문을 듣기를 구하였다. "먼저 억지로라도 끌어들이고자 하고, 나중에는 부처님의 지혜에 들게 한다(先以欲勾牽 後令入佛智)." 이것이 보살들께서 중생을 제도하시는 선교방편善巧方便이다.

3.

항상 모든 부처님들께서 밤낮으로 호념하시며, 아미타불께서 항상 광명을 놓으시어 이 사람을 거두어주신다.

"항상 모든 부처님들께서 호념護念하심"에서 호護는 보호함이고, 염念은 염려하심이다. 『아미타경』에서는 "모든 선남자 선여인은 모두 일체제불의 호념을 받게 되고, 모두 아뇩다라삼먁삼보리에서 물러나지 않음을 얻는다(是諸善男子善女人 皆爲一切諸佛之所護念 皆得不退轉於阿耨多羅三藐三菩提)"고 설하고 있다. 염불하는 사람에 대해 설명하자면 모든 부처님들의 보호하심과 염려하심을 받게 되고, 그 보호와 염려하는 힘이 불가사의함으로 말미암아 그들의 수행하는 마음은 영원히 물러나지 않고 바로 모든 부처님의 지혜인 아뇩다라삼먁삼보리에 이르게 된다. 이러한 설명에 비추어 보면 설사 이 한 세상에서 능히 극락세계에 왕생하지 못한다 하더라도 단지 이미 하근의 선근을 심었기에 물러날 수 없고 틀림없이 어느 날엔가는 정토에 왕생하고 부처님을 친견하여 법문을 들을 것이다.

"아미타불께서 거두어주심"에서 아미타불은 또한 명호가 무량광불이시다. 부처님의 지혜의 광명은 가로로 시방세계의 모든 공간을 뛰어넘어 두루하다. 부처님의 광명은 태양광에 비하면 천억 배나 더 밝은데, 태양광은 큰 벽이 곧 가로막지만 부처님의 광명은 비추지 않는 곳이 없으니, 어떠한 공간도 가로막을 수가 없다. "아미타불"께서는 무한한 광명, 무한한 생명이고, 부처님의 법신이며, 또한 사람마다 본래 갖추고 있는 불성이다. 염불하는 사람은 업장을 소멸하여 몸과 마음이 청정하게 된다. 마음이 청정하니 마음 그대로 부처(卽心卽佛)이다. 또한 "허망함이 물러가니 참됨이 나타난다(妄去眞顯)"는 도리가 바로 이것이다.

4.

염불하는 사람은 몸에서 광명이 40리나 멀리 비추므로 일체의 악귀·야차·나찰과 같은 것들이 모두 해를 입힐 수 없고, 일체의 독사·독룡·독약 등이 모두 침해할 수 없다.

사람마다 본래 갖추고 있는 상주하는 참마음(眞心)은 마치 한 면의 큰 둥근 거울과 같아, 능히 천지를 비출 수 있는 무한한 광명을 갖추고 있다. 다만 저 다생의 번뇌의 먼지와 때가 가리고 덮어서 어두컴컴해져 광명이 없어 보일 따름이다. 한마디 부처님 명호는 망념을 소멸시키는 정화제이니, 망념이 사라지면 마음의 광명이 드러나며, 몸에서는 광명을 놓아 40리나 멀리 이른다. 이는 진실하며 거짓이 아니다.

『우익대사문선藕益大師文選』에는 다음과 같은 기록이 있다. 안휘성

安徽省 동성현桐城縣에 갑과 을 두 사람이 있었는데, 장사하러 밖으로 나갔다가 타향에서 갑이 병들어 죽자, 을이 그를 편안히 묻어주고 유물을 가지고 돌아와 갑의 처에게 건네주었다. 갑의 처는 '남편이 나이가 젊고 신체가 건강한데 왜 갑자기 죽었을까? 을이 재산을 노리고 목숨을 해쳤을지 모른다'고 의심을 품었다. 을은 매우 억울하였으나 달리 증명할 방법이 없었다. 곧 갑의 무덤 앞에 가서 통곡하면서 억울함을 다 털어놓았다. 그런데 갑자기 갑의 음성이 을의 귀에서 들려오기를 "나는 자네에게 은혜를 입었는데 나의 처는 그대에게 억울한 누명을 씌우고 말았네그려. 내가 자네의 몸에 붙을 수 있으니 집으로 돌아가서 처에게 분명히 설명하겠네." 이에 을은 곧 집으로 되돌아갔다. 오는 길에 갑이 다른 사람과 대화를 하니 생전 모습과 똑같았다. 그러나 단지 그 소리를 듣는 것에 불과하고 그 모습을 볼 수는 없었다. 한번은 을이 우연히 발을 헛디뎌 자칫하면 걸려 넘어질 뻔하였다. 이때 자기도 모르게 아미타불을 소리 내어 염불하였다. 이 한 번의 염불에 놀라 갑이 질겁하는 소리로 먼 곳에서 말하길 "자네는 왜 광명을 놓아 나를 놀라게 하는가?" 을은 염불이 광명을 놓는다는 말을 듣고는 다시 연달아 몇 번 소리 내어 염불하였다. 이렇게 되니 갑의 목소리는 이내 그 사람과 멀어지며 말하길 "자네가 염불할 때 가슴에서 방사되어 나오는 눈부신 광명으로 인해 나는 자네의 몸 근처로 다가갈 수 없네. 청컨대 자네가 돌아가서 나의 처에게 알려서 그녀를 불러 무덤 앞에 오게 하게나. 내가 그녀를 향하여 분명히 설명하겠네." 을은 곧 그대로 하였다. 이 일을 통하여 을은 불가사의한 부처님의 가피력을 깊이 느끼고는 곧바로 장사를 그만두고 출가하여 마음을 집중하여 수행하였

다. 후에 그는 고승이 되었다고 한다.

또한 1948년에 사천성四川省 성도成都에 사는 양창평楊昌平이란 거사가 어느 날 성도의 동문 큰 다리를 지나가다 발아래 돌을 밟아 자칫하면 넘어질 뻔했는데, 자기도 모르게 입에서 아미타불을 소리 내어 염하였다. 그는 그날 밤 꿈을 꾸었는데, 꿈에서 다섯 명의 꽃같이 아름다운 여자들이 나타나 그와 동행하기로 약속하였다. 이에 그의 마음이 움직여서 함께 어울려 길을 다니다가 어떤 거리의 어떤 집에 이르렀다. 그녀들은 집으로 들어가면서 손을 흔들었다. 이때 흰 수염을 한 노인이 나타나 그를 가로막고 말하였다. “그대는 염불하는 사람이므로 들어가지 말라.” 그러나 그는 아랑곳하지 않고 필사적으로 안으로 들어가려고 했는데, 얼굴이 들어가자마자 돌연히 곧 꿈에서 깨어났다. 양 거사는 이 꿈이 예사롭지 않다고 느끼고서, 다음날 몸소 어떤 거리의 어떤 집에 가서 주인을 향해 어젯밤의 꿈 가운데 일어난 광경을 문의하였다. 주인이 말하길 “다섯 명의 미녀가 나타난 일은 없었고, 다만 나의 집에 어젯밤에 어미개가 여섯 마리의 강아지를 낳았는데, 다섯 마리 암컷은 얼룩 개이고 수컷 개 한 마리는 낳자마자 곧 죽었습니다.” 양 거사는 이 말을 들은 후 깜짝 놀라서 온몸에 식은땀이 나며 속으로 생각하였다. ‘만약 무심결에 염불하지 않았다면 개로 변하였을 것이다.’ 이때부터 그는 곧 경건한 마음으로 부처님을 받들어 믿었고 동시에 항상 이 일을 들어 사람들에게 염불을 권하였다.

이상의 이야기는 범륭혁范隆奕 거사(현재 89세의 나이로 극락왕생하여 보국사 염불 안양원에 안치됨)가 양 거사에게 몸소 들은 것을 말한 것이다.

일체의 마귀, 귀신과 요귀는 모두 광명을 무서워하고, 모두 부처님 명호를 무서워한다. 『보문품』에서 말씀하시길 "만약 삼천대천 국토에 가득한 야차와 나찰들이 쫓아와서 사람을 괴롭게 할지라도, 그 사람이 '관세음보살' 명호를 칭념하는 소리를 듣는다면 이 모든 악한 귀신들은 오히려 사악한 눈으로 쳐다보지도 못하거늘 하물며 어찌 다시 해를 입힐 수 있겠는가." 또한 일체의 악한 용과 독사, 사나운 맹수들을 만날 지라도 해를 입히지 못한다. "만약 사나운 맹수들이 에워싸고 날카로운 이빨과 발톱으로 공포를 주더라도 관세음보살의 위신력을 생각하면 저 변방으로 달아날 것이며(신속히 먼 곳으로 도망칠 것이며), 살모사와 독사며, 쏘는 독충들이 불꽃같은(타는 듯한) 독기를 뿜고 덤벼들지라도 관세음보살의 위신력을 생각하면 소리를 듣고서 스스로 돌이켜(피하여) 사라질 것이니라." 또한 독약에 대해서도 명확히 설명하고 있다. "주술과 온갖 독약으로 해치고자 하는 자가 있어도 관세음보살의 위신력을 생각하면 도리어 그 해독은 해치고자 하는 자에게로 돌아갈 것이니라(남을 해치고자 하는 자는 종극에 자기를 해친다)."

이상의 말씀은 모두 부처님께서 친히 금구金口로써 선포하여 강설하신 것이다. 설한 것이 비록 관세음보살을 염하는 것이지만 실제로는 모든 염불은 똑같다.

5.

일체의 수재와 화재, 원수와 도적의 피해, 칼과 화살의 상해, 감옥의 재난, 멍에와 족쇄의 괴로움, 뜻밖의 죽음과 억울한 죽음을 모두 다 받지 않는다.

오탁악세의 중생에게는 갖가지 액난과 고뇌가 끝도 없이 나타난다. 여기서는 수재와 화재, 원수와의 대면, 강도, 총포(고대의 칼과 활은 오늘날 총포로 모두 살인하는 흉기이다. 칼과 활의 재난은 전쟁으로 인한 화를 포함한다), 감옥 및 사고, 불공평한 대우를 당하거나 죽거나, 억울하게 악도에 떨어지는 등을 열거하고 있다. 사실은 재난으로부터 멀어지는 것은 여기에 그치지 않으니, 이들을 대표적으로 나타낸 것에 불과하다.

탐진치 삼독은 모든 악의 근본이고 재난의 근원이다. 염불하는 사람은 생각 생각마다 삼독을 깨끗이 제거하고 번뇌를 소멸할 수 있으니, 재난이 소멸되길 구하지 않아도 자연히 모르는 사이에 재난이 소멸된다. 평상시에 일심으로 칭명염불하면 긴급하고 중요한때에 이르러 스스로 우리들의 자성 가운데의 아미타불께서 아미타불 마음 가운데의 중생을 구호하신다는 것을 알게 되며, 그가 불운(凶)을 만나더라도 행운(吉)으로 변화시키신다. 만약 평상시에 염불하지 않는다면 재난이 눈앞에 닥칠 때 내심으로 두려워 크게 당황하고 어찌할 바를 몰라 염불을 생각해 내기가 매우 어렵게 된다.

또한 염불의 비결은 지성至誠과 공경恭敬에 있다. 인광 대사께서 이르시길 "한 푼의 공경이 있으면 곧 한 푼의 죄업이 소멸되고 한 푼의 복혜를 증장시키며, 열 푼의 공경이 있으면 곧 열 푼의 죄업이 소멸되고 열 푼의 복과 지혜를 증가시킨다(有一分恭敬 則消一分罪業 增一分福慧 ; 有十分恭敬 則消十分罪業 增十分福慧)"라고 하셨으니, 반드시 마음에 깊이 새겨야 한다!

6.

이전에 지은 죄업들이 전부 다 소멸되고, 살생의 업에 대한 목숨 빚을 면제받으며, 그(살해당한 자)가 해탈하여 다시는 집착하여 대하지 않는다.

우리들은 무시 겁 이래로 지은 악업이 무한하고 끝이 없다. 만약 죄업에 형상과 부피가 있다면 허공이 다하여도 모두 수용할 수 없다. 이런 까닭에 오랜 겁에 괴로움을 받으며 벗어나지 못하는 것이다. 묘공妙空 법사께서는 『지명사십팔법持名四十八法』에서 "한때 잠깐의 괴로움을 구하려면 보시를 급하게 여기고, 만겁의 괴로움을 구하려면 염불을 중요하게 여겨라(救一時之苦 布施爲急, 救萬劫之苦 念佛爲要)"라고 말씀하셨다. 불경에서는 "지극한 마음으로 한 번 소리 내어 염불하면 능히 팔십억 겁에 지은 생사의 중죄도 소멸시킨다(至心念佛一聲 能消八十億劫生死重罪)"라고 설하고 있다. 과거 우리들이 살해한 억울한 목숨에 대하여 마땅히 지성으로 간절하게 칭명염불하면 그 원결을 해소하여 그들로 하여금 능히 부처님의 자비와 기피를 입어서 선도善道에 왕생하도록 할 수 있다. 그러면 자연히 원수가 은인으로 바뀌게 되고 화가 전환하여 복이 되니, 자신도 모르는 사이에 원수가 찾아와 보복하는 악한 과보를 소멸하게 된다.

7.

밤에 꾸는 꿈은 바르고 좋은 꿈이고, 혹은 또한 꿈에 아미타불의 수승하고 미묘한 색신을 뵙게 된다.

꿈은 오직 마음이 나타난 것이다. 탐욕의 생각이 무거운 사람은 음란하고 더러운 꿈을 많이 꾸며, 성내는 마음이 무거운 사람은 무서운 꿈을 많이 꾼다. 염불하는 사람은 몸과 마음이 청정하여 밤에 안온하게 잠을 자며 나쁜 꿈이나 삿된 꿈을 꾸지 않는다. 그리고 침상에 든 후 부처님 명호를 묵묵히 지니거나 혹은 고요히 염불 테이프를 들으면 마음이 수양되고 정신이 평안하여 불면증을 대치하거나 또는 악몽을 제거할 수 있다. 꿈속에서 무서운 경계를 만나거나 혹은 꿈에 흉악한 것이 나타날 때 부처님 명호를 한 번 부르면 단박에 사라지게 된다. 정공 법사께서는 "노실하게 염불하고 면밀하게 힘써 공부하면 망상이 조금씩 사라지고 마음의 광명이 조금씩 드러난다. 중생의 마음이 청정하면 곧 부처님을 친견하게 되나니, 부처님께서는 언제나 어느 곳에도 몸을 나투지 못함이 없으시다"라고 말씀하셨다. 물이 맑으면 달이 스스로 보이는 것처럼 아미타불의 수승한 장엄묘상莊嚴妙相을 친견할 수 있게 된다. 다만 이로 인해 절대 환희심을 내거나 집착심을 내어서는 안 된다. 이는 무익할 뿐만 아니라 도리어 해를 받을 수도 있기 때문이다. 인광 대사께는 다음과 같이 말씀하셨다. "근래에 수행하여 마구니의 일에 집착하는 경우가 많이 발생하고 있다. 이는 모두 조급하고 경망한 마음으로 급히 감통感通하기를 희망하기에 수승한 경계가 나타나는 것이다. 하지만 그 나타나는 경계는 마구니가 나타낸 것임은 말할 필요도 없다는 것을 마땅히 알아야 한다. 한 생각을 일으켜 기뻐하는 마음에 탐착한다면 바로 장애와 손해를 받게 되리라."

8.

마음 가운데 항상 기쁨이 가득하고, 얼굴빛에 윤기가 흐르며, 기력이 충족하고 왕성하여 하는 일마다 길하고 순조롭다.

사바의 중생들에게는 몸이 괴로움의 근본이다. 평생 동안 놀라서 두려워하고 원한에 분개하며 우수에 젖고 고통에 괴로워하며 보내는 시간이 많다. 오직 염불하는 사람들은 속마음이 청정하여 일심으로 염불하면 인연에 따라 업을 소멸하고 경계에 휘둘리지 않는다. 속마음이 법의 기쁨으로 충만하고 용모는 광휘로 충실하여 질병이 자연이 소멸되므로 건강장수를 구하지 않아도 절로 얻게 된다. 그러나 이것은 단지 염불의 부차적인 결과이다. 염불하는 사람은 여러 부처님께서 환희하시고 용과 천인들이 옹호하며 선한 인연이 자라나고 하는 일마다 길하고 순조롭다. 정공 법사께서 말씀하셨다. "대만에 아흔이 넘는 남자 거사 한 분이 계셨는데, 매일 삼만 보의 길을 걸어가며 삼만 번을 염불하여 신체가 건강하고 정신이 충만하며 등허리도 꼿꼿하다. 그분은 나중에 임종을 맞아 목숨이 다할 때 반드시 어떤 병고도 없이 편안하고 상서롭게 왕생하실 것이다."

9.

항상 일체의 세간 사람들이 공경하고 공양하며 기쁘게 예배하는 것이 마치 부처님을 공경하는 것과 같이 한다.

염불하는 사람은 속마음이 청정하고 온화한 마음으로 사람을 맞이하며, 널리 착한 인연을 맺고 남을 돕는 것을 즐거움으로 삼는다. 공자께서는 "다른 사람을 공경하는 사람은 다른 사람도 늘 그를 공경해주고, 다른 사람을 사랑하는 사람은 다른 사람도 늘 그를 사랑한다(敬人者人恒〔常〕敬之 愛人者人恒愛之)"라고 말씀하셨다. 즉 다른 사람을 존경하는 사람은 선한 원인을 심는 것이고, 사람들이 항상 늘 그를 존경하는 것은 선한 결과이다. 다른 사람을 사랑하고 보호하는 사람은 선한 원인을 심는 것이고, 사람들이 그를 사랑하고 보호하는 것은 선한 결과를 맺은 것이다. 이러한 원인을 심으면 이러한 결과를 맺는다. 염불하는 사람이 인간들로부터 공경과 환희와 예배를 받게 되는 것은 필연적인 일이다. 이상의 아홉 가지 사항은 모두 염불로 얻게 되는 현재의 큰 이익들이다. 그러한 이익들이 있기에, 염불은 그저 소극적으로 죽음을 기다리는 것이고 임종하는 때라야 필요한 설법이라는 주장은 스스로 무너진다.

10.

임종할 때에 마음에 공포와 두려움이 없고 정념正念이 현전하여, 아미타불과 여러 보살성중께서 손에 금대를 들고서 접인하러 오심을 보고는 서방정토에 왕생하게 되고, 미래세가 다하도록 영원히 수승하고 미묘한 즐거움을 누린다.

죽음은 인생에서 가장 비통한 일이고, 또한 모든 사람마다 다 이를 피할 수 없다. 목숨이 다할 때에는 위없는 권세를 지닌 제왕이나 억만 자산을 가진 부유하고 권세 있는 사람이라도 아무것도 소유한 것이 없는 거지와 완전히 똑같다. 이때는 우리들 수중에 있는 권세와 재산은 추호도 자신에게 도움이 되지 않는다. 오직 염불한 사람만이 이때 비로소 미련을 가지지 않고 두려움도 없이 일심으로 염불하여 정토왕생을 간구할 수 있게 된다. 이와 동시에 반드시 부처님의 접인을 받아 극락에 왕생할 수 있다. 왕생하면 이로부터 범부를 초월하여 성인에 들어가고 곧바로 성불에 이르게 된다. 아미타불의 48대원 중 제19원 문명발심원(聞名發心願: 부처님 명호를 듣고 발심하는 원)과 제20원 임종 접인원(臨終接引願: 임종 때 접인을 받는 원)에서 아미타 부처님께서는 이렇게 말씀하신다. "제가 부처가 될 때 시방 중생들이 나의 명호를 듣고 보리심을 발하여 여러 공덕을 닦으며 육바라밀을 봉행하면 견고하여 물러나지 아니하고, 다시 선근善根을 회향하여 나의 국토에 왕생하기를 서원하고 일심으로 나를 염하여 밤낮으로 끊어지지 않으면, 목숨이 다하는 때에 저와 여러 보살들이 영접하러 그 앞에 나타나서 눈 깜짝할 사이에 곧 나의 국토에 왕생하여 아유월치(불퇴전) 보살이 될 것입니다. 이 원을 얻지 못하면 정각을 성취하지 않겠나이다(이 서원을 실현할 수 없다면 저는 맹세코 성불하지 않겠나이다)." 이는 아미타 부처님께서 염불하는 중생에게 보증하신 것이니, 어찌 의심할 수 있겠는가?

이상의 열 가지 이익은 경문에 자세히 실려 있고, 부처님께서 금구金口로 선포하신 것으로서 이미 현생과 미래세에 모두 이익이 있다. 그렇다면 세간과 출세간에 요긴한 법문으로 염불만한 것은 없나니, 다만 정진할 뿐, 의심을 품지 말아야 한다!

본문에 열거한 열 가지 큰 이익은 모두 불경에 실려 있는 것으로 석가모니 부처님께서 몸소 금구金口로 선포하여 강설하신 것이다. 이미 현생과 미래세에 모두 이익이 있는 까닭에, 세간법에 따라 설명하든 출세간법에 따라 설명하든 모든 법문 가운데 염불법문과 비교하자면 이보다 더 중요한 법문은 없다.

철오徹悟 선사(1741~1810)

청나라 때의 대선사. 22세에 출가하여 각종 경전과 교학에 통달하였다. 수여순粹如純 선사로부터 인가를 받아 임제스님의 36대손이자 경산스님의 7대손이 되었다. 이후 대중을 거느리고 참선하며 후학들을 책려하니 그 명성이 널리 퍼지고 종풍을 크게 떨쳤다. 그러다 선정쌍수를 주장한 영명연수 선사의 영향을 받아, 정토종을 제창하고 예불과 염불에 전념하였다. 참선과 정토의 종지에 깊이 천착하여 심오한 경지에 도달하였으며, 저서로 『시선교율示禪教律』, 『염불가타念佛伽陀』 등을 남겼다.

허만항

서울대학교 자연대 동물학과를 졸업하고, 제약 및 의료기기 회사에서 근무하였다. 퇴직 후 염불수행 및 불교 관련 서적 번역가로 활동중이다. 저서로 『일백오십찬불송』의 산스트리트, 한문, 한글, 영어를 대역한 『부처님, 나의 부처님』이 있다.

철오선사 염불송

초판 1쇄 인쇄 2015년 4월 30일 | **초판 1쇄 발행** 2015년 5월 8일
지은이 철오 선사 | **편역** 허만항 | **펴낸이** 김시열
펴낸곳 도서출판 운주사
(136-034) 서울시 성북구 동소문로 67-1 성심빌딩 3층
전화 (02) 926-8361 | **팩스** 0505-115-8361
ISBN 978-89-5746-423-6 03220 값 15,000원
http://cafe.daum.net/unjubooks 〈다음카페: 도서출판 운주사〉